Wegzeichen Religion 4

Ein Unterrichtswerk
für den Evangelischen Religionsunterricht
in der 4. Jahrgangsstufe

von
Steffi Beck-Seiferlein, Ursula Busley, Günter Eckart,
Bärbel Ellwanger, Renate Jacobi, Sylvia Kelber-Stadler,
Margrit Krippner, Jochen Lay, Gertrud Miederer,
Heinz Rehlen, Friedrich Winter, Christiane Wolf-Schweiz

Verlag Moritz Diesterweg
Frankfurt am Main

Mensching

Dieses Werk folgt der reformierten Rechtschreibung und Zeichensetzung 2006.
Ausnahmen bilden Texte, bei denen künstlerische, philologische
oder lizenzrechtliche Gründe einer Änderung entgegenstehen.

Druck B [3] / Jahr 2011
Alle Drucke der Serie B sind im Unterricht parallel verwendbar.

Umschlaggestaltung: Raphaela Mäntele, Heidelberg
Titelbild und Illustration: Dieter Konsek, Wilhelmsdorf
Satz und Repro: Appl, Wemding
Druck und Bindung: westermann druck GmbH, Braunschweig
Produktionsmanagement: JUNG MEDIENPARTNER, Limburg-Eschhofen

ISBN 978-3-425-**07923**-3

Inhaltsverzeichnis

Sich nach Freiheit sehnen – Freiheit erleben

In Unfreiheit leben – Hoffnung schöpfen

Seit Josefs Tod sind viele, viele Jahre vergangen. Seine Nachkommen leben jetzt in Ägypten.
Dort herrscht ein Pharao, der nichts mehr von Josef weiß. Er hat Angst vor den Israeliten. „Seht euch vor! Die Israeliten sind ein größeres und stärkeres Volk als wir! Wir müssen verhindern, dass sie noch zahlreicher werden! Wenn es Krieg gibt, könnten sie die Macht in unserem Land übernehmen." So warnt der Pharao die Ägypter immer wieder. Er unterdrückt die Israeliten wo es nur geht. Unter der strengen Aufsicht der Ägypter müssen sie Schwerstarbeit leisten. Sie schuften bis an die Grenzen ihrer Kraft, werden ausgebeutet, oft auch misshandelt und unterdrückt. Sie leiden unter der grenzenlosen Missachtung durch die Ägypter.
Mit den Jahren wird die Not der israelitischen Familien immer größer. Immer schlimmer werden die unmenschlichen Arbeitsbedingungen, immer unerträglicher wird ihr Alltag. In dieser schlimmen Zeit wird Mose als Sohn einer israelitischen Familie geboren.
„Werft alle neu geborenen Knaben der Israeliten in den Nil! Die Mädchen aber lasst am Leben!", so befiehlt es eines Tages der Pharao. Doch dann . . .

Lies in deiner Bibel nach, was mit Mose nach seiner Geburt geschah.

In ihrer Not wenden sich Menschen zu allen Zeiten an Gott:

Herr, mein Gott,
immer fühle ich mich klein,
missachtet und unterdrückt.
Gegenüber der Macht anderer bin ich machtlos,
gegenüber ihren Worten sprachlos,
gegenüber ihren Gemeinheiten ratlos.
Du, guter Gott,
bist meine Hoffnung.
So bitte ich dich, . . .

Zum Befreien beauftragt und ermutigt werden

Als junger Mann wächst Mose wie ein Ägypter am Hof des Pharao auf. Doch er vergisst nie, dass er ein Israelit ist. Mose leidet unter der Not seines unterdrückten Volkes so sehr, dass er eines Tages einen ägyptischen Aufseher erschlägt. Die Tat wird entdeckt. Deshalb flieht er vor dem Pharao nach Midian. Dort kommt er in die Familie von Jitro. Er hütet dessen Schafe und heiratet seine Tochter Zippora. Eines Tages, als Mose draußen auf dem Feld ist, geschieht etwas Sonderbares. Mose hört in seinem Inneren eine Stimme. Es ist, als ob der Dornbusch zu ihm sprechen würde.

„Mein Name ist Jahwe.
Mein Name ist:
Ich bin bei euch,
ich werde für euch da sein.

Ich bin da gewesen, als die Welt entstand.
Ich bin bei Abraham, Jakob und bei Josef gewesen.
Ich bin bei dir, Mose,
und ich bin bei meinem Volk Israel.
Du bist mein Bote,
du sollst mein Volk, die Israeliten,
aus Ägypten befreien!“

Lange denkt Mose über dieses merkwürdige Ereignis nach:
Was hat das alles zu bedeuten? Erzählt dieser Dornbusch nicht von den Erfahrungen meines Volkes? Will Gott mir durch die Flammen die Augen dafür öffnen, dass er mit seiner Liebe für uns da ist, uns begleitet und etwas Wunderbares mit uns vor hat?

Ich bin da!
Diese Zusage macht Mut, eine schwierige Aufgabe zu übernehmen!

Um die Freiheit ringen – in die Freiheit aufbrechen

Mose kehrt nach Ägypten zurück und setzt sich vor dem Pharao für sein Volk ein. Immer und immer wieder weigert sich dieser, das Volk ziehen zu lassen. Auch Naturkatastrophen können den Pharao nicht umstimmen. Die Unterdrückung wird immer schlimmer. Das Herz des Pharaos bleibt hart.
Eines Nachts ist es so weit. Die Israeliten bereiten sich auf den Auszug vor. Sie essen das Passa-Mahl und machen sich auf den langen Weg in die Freiheit.

Zum Gedenken an diese Nacht der Befreiung feiern Juden auch heute noch das Passa-Fest. Viele Erinnerungszeichen, die beim Passa-Mahl auf dem Familientisch stehen, wie bittere Kräuter, braunes Fruchtmus, ein gerösteter Lammknochen, Frühlingsgemüse, ein Ei, ungesäuerte Brote, Schälchen mit Salzwasser, lassen das Geschehen von damals für Juden immer wieder lebendig werden.

Lies die Geschichte vom Passa-Mahl und vom Auszug in deiner Bibel nach und informiere dich, z.B. in Kinder-Sachbüchern zum Judentum oder im Internet über die Bedeutung der einzelnen Erinnerungszeichen.

Jetzt? – Jetzt!

Zurückschauen – vorausträumen.
Schwanken zwischen Altem und Neuem,
Gewissheit und Ungewissheit,
hier und dort.

Schnell – schnell!
Keine Zeit
zum Denken,
zum Feiern,
zum Fühlen.

Jetzt? – Jetzt!
Zeit, den Worten zu vertrauen,
den ersten Schritt zu wagen,
es zu tun -
JETZT!

Ich bin da!
Auch in der Angst!

Befreiung erfahren

Der Pharao bereut bald seinen Entschluss, dass er das Volk Israel aus Ägypten hat fortziehen lassen. Deshalb befiehlt er seinen Soldaten, die Israeliten zu verfolgen, sie gefangen zu nehmen und wieder zu Sklaven zu machen.
Doch Gott rettet durch sein mächtiges Handeln die Israeliten und führt sie endgültig in die Freiheit.
Sie freuen sich, danken Gott und feiern ein großes Fest. Jetzt spüren alle: Gott hält an seinem Versprechen fest.

Lies in deiner Bibel die Geschichte von der Rettung nach.

Text: Kinderkirchentagsteam
Melodie: Rainer Ibe

Dort beginnt das Leben,
wo du Altes hinter dir lässt,
wo der Durchbruch geschafft ist,
wo du Neues beginnst
und du Befreiung wahrnimmst.
Dann werden
deine Augen wieder erkennen,
deine Ohren wieder hören,
deine Hände wieder fühlen,
deine Lippen wieder bekennen.
Und dein Herz wird wieder spüren:
Gottes Zusage macht frei.

Ich bin da!
Auch in der Gefahr!

Mit der Freiheit umgehen

Wochenlang ziehen die Israeliten durch die Wüste. Am Fuß des Berges Sinai schlagen sie ihr Lager auf. Gott will mit Mose reden. Deshalb steigt Mose allein auf den Gottesberg.

Gott spricht zu Mose:
„Ich habe euch aus der Sklaverei und Gefangenschaft in Ägypten befreit.
Wollt ihr mit mir einen Freundschaftsbund schließen? Wollt ihr unter meinem Schutz leben? Wollt ihr meinen Willen tun und meine Gebote befolgen?
Wenn ihr Ja sagt, sollt ihr für immer mein Volk sein."

Mose überbringt den Israeliten Gottes Angebot des Freundschaftbundes. Alle stimmen zu und versprechen, den Bund mit Gott zu halten und seine Weisungen zu befolgen.
Danach geht Mose auf den Gottesberg. Er bleibt dort 40 Tage und Nächte.
Bald werden die Israeliten ungeduldig. Sie klagen: „Den Gott, der versprochen hat für uns da zu sein, können wir nicht sehen." Aus ihrem Goldschmuck machen sie ein goldenes Stierbild und stellen es auf einen Altar. Für ihren selbst gemachten Gott feiern sie einen Gottesdienst. Sie opfern ihm, beten ihn an, jubeln und tanzen um ihn herum.
Gott sieht, wie sich die Israeliten von ihm abwenden. Er befiehlt Mose: „Steig hinab! Das Volk Israel betet und opfert einem selbst gemachten Gott. Es bricht den Freundschaftsbund mit mir!" Mit den beiden Gebotstafeln steigt Mose den Berg hinunter. Als er das Goldene Kalb und die Israeliten sieht, wird er zornig. Er zerschmettert die Gebotstafeln und zerstört das Goldene Kalb.

Gott, ich möchte dich gerne sehen!
Ich möchte dich anfassen!
Ich möchte dich hören!
Das wäre schön!

Aber ich kann dich
nicht sehen, nicht anfassen, nicht hören!
Meine Augen, meine Hände und Ohren suchen dich!
Nirgends finden sie dich, du versteckter Gott!

Ich bin da!
Auch wenn ihr mich nicht seht!

Die Freiheit gestalten – Krisen bestehen

Wieder steigt Mose auf den Gottesberg und bittet Gott, den Israeliten zu vergeben, dass sie seinen Willen missachtet haben. Gott hört auf Mose. Als Zeichen, dass er auch weiterhin bei den Israeliten sein will, gibt er ihnen noch einmal seine Zehn Gebote:

Ich bin der Herr, dein Gott!

Du sollst nicht andere Götter haben neben mir.

Du sollst den Namen des Herrn, deines Gottes,
nicht unnütz gebrauchen.

Du sollst den Feiertag heiligen.

Du sollst deinen Vater und deine Mutter ehren.

Du sollst nicht töten.

Du sollst nicht ehebrechen.

Du sollst nicht stehlen.

Du sollst nicht falsch Zeugnis reden wider deinen Nächsten.

Du sollst nicht begehren deines Nächsten Haus.

Du sollst nicht begehren deines Nächsten Weib, Knecht, Magd,
Vieh noch alles, was sein ist.

Worte für das Leben in der Freiheit – auch für uns.
Du findest diese Worte auch auf den Seiten 81, 82, 85, 87.

Lange Wochen ziehen die Israeliten durch die Wüste. Oft leiden sie Hunger und Durst. Die Vorräte sind aufgebraucht. Das Volk murrt und beklagt sich bei Mose und Aaron: „Sollen wir verhungern? Sollen wir verdursten? Wären wir doch in Ägypten geblieben! Dort wären wir Sklaven, aber wir hätten genug zu Essen und zu Trinken.“

Ich bin bei euch,
ich werde immer für euch da sein!

Ins Land des Lebens aufbrechen – führen und geführt werden

Führen und geführt werden – beides spielt eine wichtige Rolle, wenn Menschen auf dem Weg in das Land des Lebens sind.

Ihr könnt eure Gedanken dazu im Gespräch, im Bild, im Spiel oder auch mit Klängen zum Ausdruck bringen.

Ich, der Herr, bin dein Gott.

Ich stehe ganz auf deiner Seite.
Ich halte mich ganz zu dir.
Ich will nicht,
dass du verzagst und dich ängstigst.
Ich will das Beste für dich.
Ich will, dass dein Leben Sinn hat,
dass du mit deinem Leben ans Ziel kommst.
Ich will, dass es dir gut geht.

Suche keinen anderen Gott.
Stelle nichts und niemanden
über oder neben mich.
Denn nichts und niemand
meint es besser mit dir als ich.

K. Rommel

Über Sterben und Tod nachdenken

Über Werden und Vergehen nachdenken

Alles, was geworden ist,
wird einmal vergehen.
Was in Gottes Liebe fällt,
das wird neu entstehen.

Sich gerne haben

„Hallo, Maria!“

Maria sprang aus dem Bus. Großvater stand mit offenen Armen am Straßenrand und strahlte.

Großmutter schnappte nach Luft, so aufgeregt war sie.

„Willkommen auf dem Land!“, rief sie Maria zu.

„Kind, wie bist du gewachsen!“

Wie glücklich war Maria, als sie die Großeltern sah! Sie waren ihre allerbesten Freunde. Besonders Großvater. Er konnte beinahe alles. Und Großmutter machte die besten Pfannkuchen der ganzen Welt.

Maria durfte ihre Osterferien hier verbringen. Sie zersprang fast vor Freude auf die kommenden Tage.

Maria konnte es kaum erwarten die Schaukel auszuprobieren, die Großvater als Überraschung für sie gebaut hatte. Sie schwang sich höher und höher, bis die Bäume und Häuser nur so an ihr vorbeiwirbelten.

Großmutter hatte entschieden, dass Maria gleich neben ihr in Großvaters Bett schlafen sollte. Großvater würde im Zimmer nebenan im Gästebett schlafen. Die Decke war so weich und groß, dass Maria sich darunter mühelos vor Großmutter verstecken konnte.

Großmutter sang ein Gute-Nacht-Lied. Dann betete sie mit Maria. Das tat sie immer. Aber Maria musste immerzu daran denken, was sie morgen mit Großvater alles unternehmen würde.

Am nächsten Morgen war strahlender Sonnenschein. Maria schlüpfte in ihre Kleider und rannte hinaus, um Großvater zu suchen. Draußen beim Schafgehege erschraken die scheuen Tiere ebenso vor Maria wie sie vor ihnen. Einige der kleinen Lämmer tranken gerade Milch bei ihrer Mutter. Plötzlich hörte Maria Schritte hinter sich.

Es war Großvater.

„Komm mit. Du kannst mir die Tiere füttern helfen.“

„Warum sind die Schafe bloß so dick? Haben die zu viel gefressen?“

„Nein, nein. Die fressen gar nicht so viel. Alles, was sie brauchen, ist hin und wieder eine Hand voll Futterwürfel. Hier, schau mal, das mit den Hörnern ist ein besonderes Schaf. Das ist der Hammel. Er ist größer als die anderen Schafe und er gibt eine Menge Wolle.“

Vorsichtig streckte Maria ihre Hand aus, um ihn zu streicheln. Oh, wie schmutzig und verfilzt er war!

Die Kühe waren so emsig am Grasen, dass sie Großvater und Maria gar nicht bemerkten.

„Heute Abend kannst du beim Melken helfen."

Im Hühnerhof war große Aufregung! Maria kam mit Körnern und alle Hühner rannten herbei. Großvater folgte mit der Gießkanne und füllte frisches Wasser in den Trinkbehälter. Dann schlüpften sie auf leisen Sohlen ins Hühnerhaus. Tatsächlich! Da lagen zwei Eier in einem Nest und weiter drüben sogar noch eins. Ein Ei war noch richtig warm.

Großvater legte sie behutsam in seinen Hut.

„Gack, gack!"

Die Gänse watschelten verwirrt durcheinander, als Großvater und Maria mit dem Eimer näher kamen.

„Sie sind noch recht jung. Aber bis Weihnachten werden sie groß und fett sein."

„Nun wollen wir sehen, ob wir die Katzenmutter finden", sagte Großvater. „Sie hat drei ganz kleine Kätzchen. Die verstecken sich wohl oben im Heu." Sie kletterten auf den Heuboden, doch sie fanden nichts.

„Nun ja, wir werden warten müssen, bis sie von selbst herauskommen", meinte Großvater.

Nun mussten sie eins von den Schafen hereinholen. Es war krank und würde ein paar Tage im Stall bleiben.

„Vielleicht ist es bloß ein bisschen erkältet", hoffte Maria.

Es war ein ausgefüllter Tag gewesen. Maria war todmüde. Sie hatte so viel Neues gesehen.

„Komm, wir gehen nochmal kurz zu den Schafen hinaus und sehen nach, ob auch alles in Ordnung ist", schlug Großvater vor. Seine Hand war groß und stark. Maria fürchtete sich nicht mehr so sehr vor den Schafen.

„Es war schön heute, Großvater!"

Wir –
das kann so viel bedeuten.

Sich sorgen

Daheim begann für Maria wieder der gewohnte Alltag. Als sie eines Tages von der Schule heimkam, empfing Mama sie mit einer traurigen Nachricht:
„Großvater ist krank geworden. Er ist im Krankenhaus, hier in der Stadt. Heute Nachmittag wollen wir ihn besuchen gehen."
Maria freute sich darauf ihren Großvater wiederzusehen.
„Wie ist es im Krankenhaus, Mama?"
„Es gibt dort viele Krankenschwestern und Ärzte, die für Großvater sorgen. Er braucht jetzt jemand, der sorgfältig über ihn wacht."
„Warum ist Großvater krank?"
„Er ist alt geworden. Und wenn man alt ist, wird man schneller krank."

Maria dachte an all die Tiere auf dem Bauernhof und an Großvater und Großmutter.
„Komm, Maria, iss jetzt!", ermahnte sie die Mutter.
„Du sitzt da und träumst."

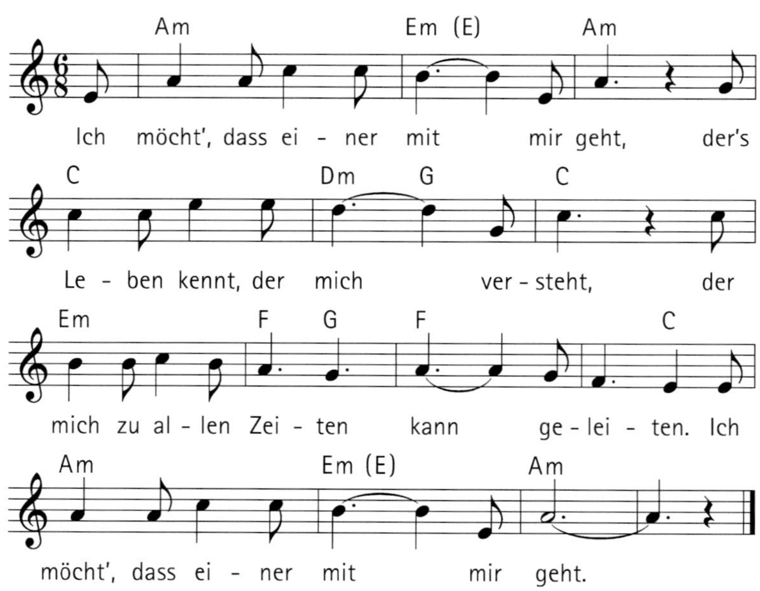

Text und Melodie: Hanns Köbler

Angst haben

Muss Großvater sterben?
Warum muss das sein?
Muss ich sterben?
Tut sterben weh?
Bleibe ich dann ganz alleine zurück?
Ich habe solche Angst!

So viele Fragen – auch für dich?

Abschied nehmen

Im Krankenhaus war alles weiß. Großvater lag regungslos im Bett. Mühsam wandte er ihr den Kopf zu und lächelte.
„Hallo Maria!“, sagte er leise.
Seine Hand kam unter der Decke hervor und umschloss Marias Hand.
„Wirst du sterben, Großpapa?“
„Vielleicht, aber ich fürchte mich nicht vor dem Tod, Maria.“
„Ich will nicht, dass du stirbst.“
Großvater sah sehr müde aus. Einen Moment lang schloss er die Augen. Dann sah er Maria an. Sie drückte seine Hand. Sie strich seine Bettdecke glatt und sagte: „Leb' wohl, Großvater.“
Nach ein paar Tagen kam aus dem Krankenhaus die Nachricht, Großvater sei gestorben. An diesem Abend spielte Maria mit ihrem Bauernhof. Sie versuchte die Holztiere aufzustellen. Aber immer war etwas falsch. Es wollte ihr einfach nicht richtig gelingen.
Maria war traurig. Sie kuschelte sich ins Kissen und drückte ihren Teddybären fest an sich.
In dieser Nacht träumte sie von Großvater und davon, was sie mit ihm alles erlebt hatte.

Sich erinnern

Einen Monat später begannen die Sommerferien. Maria durfte sie wieder auf dem Bauernhof verbringen.
Sie freute sich so sehr, Großmutter wiederzusehen. Aber als sie Großvaters großen Lehnstuhl in der Ecke stehen sah, wurde sie ganz traurig. Wie kahl und leer war doch alles ohne Großvater!
„Mama hat gesagt, dass Großvater nicht mehr zurückkommt“, sagte Maria.
„Nein“, antwortete Großmutter und schaute sich um. „Es ist so schrecklich still hier ohne ihn.“

Maria ging zu den Tieren hinaus. Sie hatte sich so darauf gefreut sie alle wiederzusehen.
Aber sie wurde noch trauriger, als sie bei ihnen war.
„Weine nur, Maria“, sagte Großmutter, die ihr gefolgt war.
„Ich habe auch geweint, weil Großvater mir so fehlt. Weinen hilft.“

Maria denkt an vieles, was sie mit Großvater erlebt hat.
Manchmal ist sie fast zornig, dass er sie verlassen hat.

Bei Gott geborgen sein

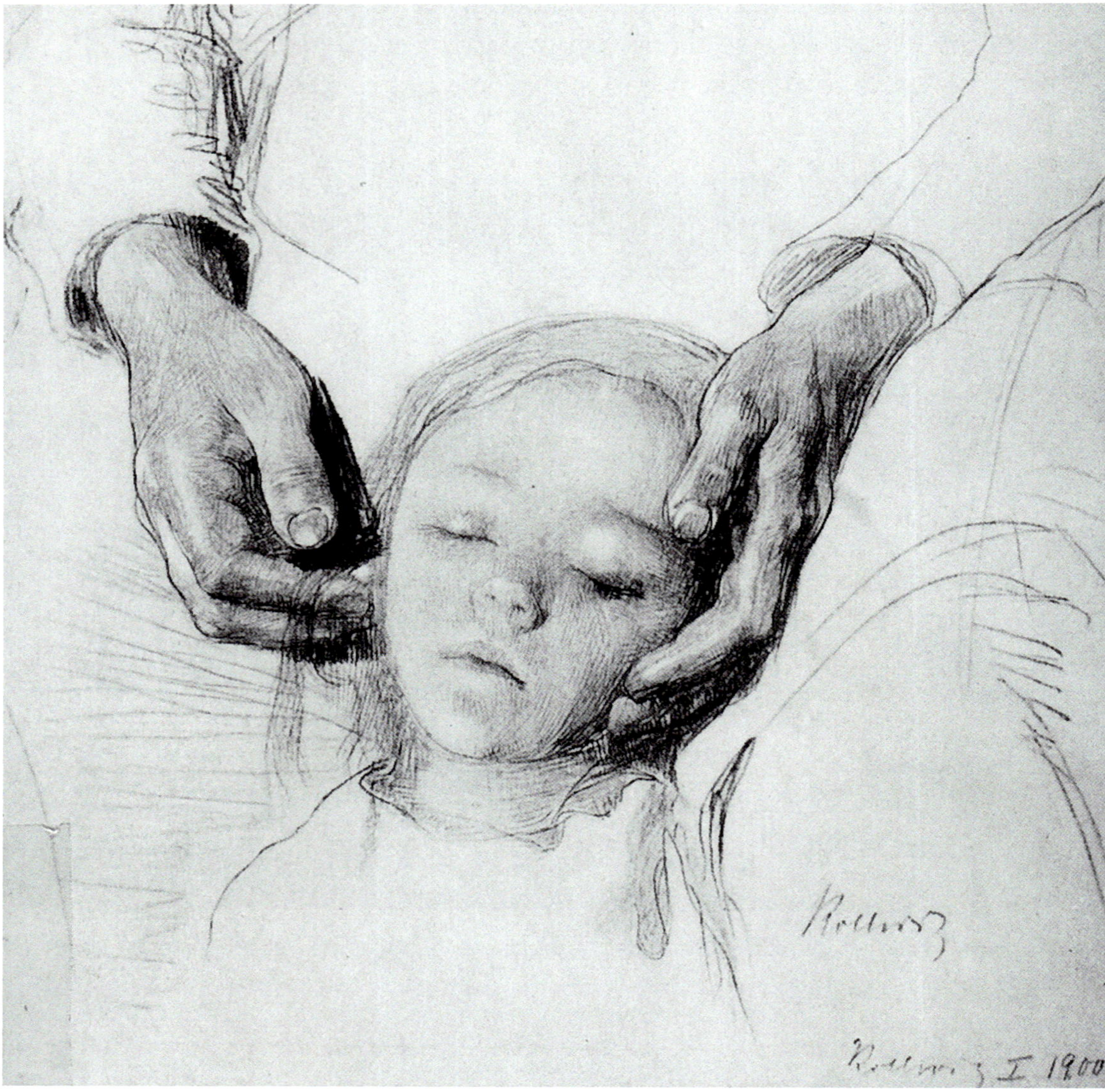

Wie in einer zärtlichen Hand
sind wir
geborgen bei Gott
für alle Zeit.

Was nach dem Tod kommt, stellt sich jeder anders vor.
Versuche ein Bild zu deinen Gedanken zu malen.

Getröstet werden

Großmutter setzte sich neben Maria und erzählte ihr von Großvater, von der Trauerfeier und wie er auf dem Friedhof beerdigt worden war. „Der Pfarrer erzählte uns allen Geschichten und Begebenheiten aus Großvaters Leben. Wir sangen seine Lieblingslieder und beteten zusammen. Es war ein bisschen so, als wäre Großvater mitten unter uns gewesen."

Die frohe Botschaft hören

Ein Wort Jesu tröstet die Großmutter. Maria hört nachdenklich zu.

„Ich bin die Auferstehung und das Leben.
Wer an mich glaubt,
wird leben,
auch wenn er stirbt."

Zum Grab gehen

Lieber Gott,
Großmutter sagt, dass Großvater bei dir ist.
Bitte pass gut auf ihn auf.
Großmutter sagt, du hast ein Haus bereitgemacht,
für alle, die an dich glauben, lieber Gott.

Menschen, die zum Grab gehen, machen sich Gedanken darüber, was mit ihren Lieben nach dem Tod geschieht. Auf dem Bild von Seite 21 kannst du erkennen, wie die Künstlerin ihre Vorstellungen vom neuen Leben zum Ausdruck bringt.

Den Tod annehmen

Maria hatte jetzt eine ganze Menge, worüber sie nachdenken musste. Sie setzte sich in die kleine Wiese, über die sie mit Großvater so oft spaziert war, und versuchte all das zu begreifen, was Großmutter ihr erzählt hatte.
Wenn Maria an den Großvater dachte, dann war es ihr jetzt immer öfter auch ganz leicht ums Herz.

Mut zum Leben haben

2. Und sein Eigen bin auch ich. Gottes Hände halten mich
   gleich dem Sternlein in der Bahn; keins fällt je aus Gottes Plan.
3. Wo ich bin, hält Gott die Wacht, führt und schirmt mich Tag und Nacht;
   über Bitten und Verstehn muss sein Wille mir gescheh'n.
4. Leb' ich, Gott, bist du bei mir, sterb' ich, bleib' ich auch bei dir,
   und im Leben und im Tod bin ich dein, du lieber Gott!

Text: Arno Pötzsch, Melodie: Christian Lahusen

Du bist da

Ich sehe dich nicht.
Dein Körper
wurde mit Erde
zugedeckt.

Ich höre dich nicht.
Deine Stimme
rückt ferner
von Tag zu Tag.

Meine Hände
fassen nach dir
und greifen
ins Leere.

Aus deinen
Kleidern
verfliegt mir
der letzte Duft.

Und doch bist
du da –
in mir.

R. Salzbrenner

Zum Frieden anstiften

Den Frieden ankündigen

„Siehe, ich verkündige euch große Freude,
die allem Volk widerfahren wird;
denn euch ist heute der Heiland geboren,
welcher ist Christus, der Herr, in der Stadt Davids.
Ehre sei Gott in der Höhe
und Friede auf Erden bei den Menschen seines Wohlgefallens."

Euch ist ein Kindlein heut' gebor'n
von einer Jungfrau auserkor'n,
ein Kindelein so zart und fein,
das soll eu'r Freud und Wonne sein.

Es ist der Herr Christ, unser Gott,
der will euch führ'n aus aller Not,
er will eu'r Heiland selber sein,
von allen Sünden machen rein.

So merket nun das Zeichen recht:
die Krippe, Windelein so schlecht,
da findet ihr das Kind gelegt,
das alle Welt erhält und trägt.

Text und Melodie: Martin Luther

Der Engel möchte nicht nur den Hirten in dunkler Nacht etwas Wichtiges sagen und zeigen.

Den Frieden in sich aufnehmen

Des lasst uns alle fröhlich sein
und mit den Hirten geh'n hinein,
zu seh'n, was Gott uns hat beschert,
mit seinem lieben Sohn verehrt.

Die Botschaft vom Frieden hören

Warum Stefan es tut, weiß er meist selbst nicht. Immer wieder sucht er Streit, ärgert seine Mitschüler – manchmal schlägt er auch zu. In seiner Klasse hat er es besonders auf Axel abgesehen.

Am letzten Schultag vor den Weihnachtsferien ist es wieder so weit. Stefan schlägt Axel in der Pause von hinten die Limoflasche aus der Hand. Stefan lacht laut, als die Flasche am Boden zersplittert. Aber wohl fühlt er sich dabei nicht.

Er weiß, dass ihn die anderen Kinder deshalb beim Spielen wieder ausschließen werden und er abseits stehen muss.

Am Heiligen Abend geht Stefan mit seinen Eltern in die Kirche zum Familiengottesdienst. Er sitzt in der ersten Bankreihe und schaut zu der Krippe hinüber, die unter dem Christbaum steht. Die Pfarrerin liest aus der Weihnachtsgeschichte vor: „Habt keine Angst! Ich bringe euch eine gute Nachricht, über die ihr euch freuen werdet! Heute wurde in Bethlehem euer Retter geboren. Es ist Jesus, der Christus. Daran könnt ihr ihn erkennen: Er liegt in Windeln gewickelt in einer Krippe."

Nun gehen alle Kinder gemeinsam zur Krippe – auch Stefan.

Noch nie stand er so nah an der Krippe wie an diesem Heiligen Abend. Stefan gefällt die Krippe mit den Figuren, dem Engel und der Kerze, die in dem Stall steht. Er kniet nieder um alles ganz genau sehen zu können. Stefan muss an die Weihnachtsgeschichte denken. Wie die Hirten damals, so fühlt auch er sich oft verachtet, einsam und ausgeschlossen.

Alle Kinder zünden an der Kerze in der Krippe ein Teelicht an und stellen es auf den Fußboden, sodass ein breiter Lichterweg von der Krippe bis zum Ausgang der Kirche führt.

Am Ende des Gottesdienstes verabschiedet die Pfarrerin alle Gäste – auch Stefan. Sie schenkt ihm eine Karte mit einem Engel und sagt: „Friede auf Erden!"

Zu Hause stellt Stefan die Karte auf seinen Schreibtisch.

In den Ferien sieht er immer wieder auf die Karte mit dem Engel.

„Friede auf Erden", murmelt er, „Friede, das will ich einmal ausprobieren."

Stefan nimmt sich vor, die anderen Kinder nicht mehr zu ärgern. Jeden Morgen erinnert er sich an seinen guten Vorsatz und ist am Abend stolz und glücklich, wenn es ihm wieder gelang, ohne Streit auszukommen.

Der Engel auf Stefans Karte – er möchte so viel bewirken.

1939 MN 13 Engel, noch tastend

Den Frieden weitertragen

Am ersten Schultag nach den Ferien nimmt Stefan die Karte mit zur Schule, damit er seinen guten Vorsatz nicht vergisst.
Auf dem Schulweg sieht er Axel. Als Axel Stefan sieht, läuft er weg. Doch Stefan ist schneller. Er packt Axel am Arm. Axel stürzt zu Boden. Stefan hilft ihm auf. Er schenkt Axel die Karte mit dem Engel und sagt: „Wollen wir Frieden schließen?“

In der Schule gibt es viel zu erzählen.
Niemand bemerkt zunächst, dass Stefan neben Axel sitzt und beide ruhig miteinander sprechen. Die Lehrerin geht auf Stefan zu, als wollte sie sagen: Ist dein Einzelplatz nicht dort hinten? Sie legt ihm die Hand auf die Schulter und sagt freundlich: „Wollen wir es noch einmal versuchen?“ Stefan ist erleichtert. Axel zeigt seiner Lehrerin die Karte mit dem Engel. Dann erzählt Stefan seine Geschichte von Weihnachten. Ganz still ist es im Klassenzimmer geworden. Axel meldet sich und schlägt vor, die Karte im Klassenzimmer aufzuhängen. Die Lehrerin hängt noch einen Text zum Nachdenken dazu:

Lasst euch anstiften zur Liebe,
denn dann findet Frieden statt.
Weil im Stall das Kind, das kleine,
ganz alleine,
zu der Liebe
alle angestiftet hat.
Und so findet Frieden statt.

Lasst euch anstiften zum Frieden!
Lasst uns Friedenstifter sein!
Und es finden hier und heute
viele Leute
wieder Frieden,
und kein Mensch ist mehr allein,
denn Gott selbst wird bei ihm sein.

„Wir könnten doch auch die anderen Klassen zum Frieden anstiften“, überlegt Axel. „Eine gute Idee“, finden die anderen. Alle miteinander gestalten Kalender, in die sie Bilder, Lieder und Geschichten zum Frieden einkleben. Damit Friede weitergetragen wird, verschenken sie diese Kalender auch an andere Klassen.

Dem Frieden Raum geben

9 September

Die Türklinke

Ein Maler hatte ein „Haus des Friedens“ gemalt. Groß, stabil, fast wie eine Arche. Die Farben freundlich und harmonisch. Eine friedliche Stimmung lag in dem Bild. Ein kleiner Junge betrachtete das Bild ganz aufmerksam. Plötzlich frage er: „Vater, auf dem Bild fehlt etwas. Es fehlt die Klinke an der Haustür. Wie soll denn da Friede in das Haus kommen?“
Der Vater, nicht wenig erstaunt, antwortete: „Die Türklinke hat der Maler bestimmt nicht vergessen, er hat sie einfach weggelassen. Der Friede kann nur ins Haus kommen, wenn wir ihm von innen die Tür öffnen und ihn bei uns wohnen lassen.“

Was bewegt Menschen dazu, eine Friedenstür zu öffnen?

1 Januar

Nicht in meinem Haus

Im Sommer gab meine Großmutter eine Zeitungsanzeige auf, dass sie ein Zimmer zu vermieten hätte. Noch am selben Vormittag kam sie: Desta Berhanu, eine Afrikanerin.
„Ich hoffe, das Zimmer ist noch frei?", fragte sie und sah meine Großmutter hoffnungsvoll an. Hastig antwortete sie: „Es tut mir leid, das Zimmer ist schon vergeben!" Ich verstand meine Großmutter nicht, denn das Zimmer war noch frei.
Die Hoffnung in Frau Berhanus Gesicht erlosch. Traurig senkte sie den Kopf und sagte: „Ich verstehe." „Aber nein", beeilte sich meine Großmutter zu sagen, „es ist nicht wegen ihrer – Hautfarbe. Ich habe nichts gegen Schwarze." „Das höre ich heute schon zum fünften Mal. Tue ich jemandem etwas Böses? – Leben Sie wohl."
„Du hast ja gelogen", sagte ich zu Großmutter. „Was soll ich machen? Den anderen Mietern würde es nicht gefallen mit einer Schwarzen im Haus zu leben!"
„Stell' dir vor, wir würden in Afrika ein Zimmer suchen!", rief ich.
An der übernächsten Straßenecke holte ich sie ein. „Frau Berhanu", rief ich, „kommen Sie zurück!" „Mitleid will ich nicht", entgegnete sie verärgert. „Meine Großmutter schämt sich, sie will das wieder in Ordnung bringen", sagte ich. Frau Berhanu schwieg einen Augenblick, dann meinte sie versöhnlich: „Wenn das so ist, will ich mit dir umkehren."
Das war vor zwei Wochen. Inzwischen ist Frau Berhanu eingezogen.

Ob aus diesem Haus ein Haus des Friedens wird?
Spielt, wie die Geschichte weitergehen könnte.

6 Juni

Wie spielt man Frieden?

Der russische Schriftsteller Marschak beobachtete einmal sechs- bis siebenjährige Kinder beim Spiel. „Was spielt ihr da?“, fragte er sie. „Wir spielen Krieg“, antworteten die Kinder.
Daraufhin erklärte ihnen der Schriftsteller: „Wie kann man nur Krieg spielen! Ihr wisst doch sicher wie schlimm Krieg ist. Ihr solltet lieber Frieden spielen!“
„Das ist eine gute Idee!“, sagten die Kinder.
Dann Schweigen, Beratung, Tuscheln, wieder Schweigen.
Da trat ein Kind vor und fragte:
„Großväterchen, wie spielt man Frieden?“

Eine schwierige Frage.
Könnt ihr den Kindern helfen?

Engel

Es müssen nicht Männer mit Flügeln sein, die Engel.
Sie gehen leise, sie müssen nicht schrei'n,
oft sind sie alt und hässlich und klein, die Engel.

Sie haben kein Schwert, kein weißes Gewand, die Engel.
Vielleicht ist einer, der gibt dir die Hand,
oder er wohnt neben dir, Wand an Wand, der Engel.

Dem Hungernden hat er das Brot gebracht, der Engel.
Dem Kranken hat er das Bett gemacht,
und er hört, wenn du ihn rufst in der Nacht, der Engel.

Er steht im Weg und er sagt: Nein, der Engel,
groß wie ein Pfahl und hart wie ein Stein –
es müssen nicht Männer mit Flügeln sein, die Engel.

R. O. Wiemer

Hoffnung für das Leben gewinnen

Mutlos und ohne Hoffnung sein

nach Psalm 69, 2.3

Auf Trost hoffen

nach Psalm 69, 21

Auf Hilfe hoffen

Psalm 130, 1.2

Auf Frieden hoffen

Psalm 42, 4

Jesu Botschaft von der Hoffnung hören

Rund um den See Genezareth wohnen viele Menschen. Manche leben vom Fischfang oder von der Schafzucht, andere vom Getreide- oder Obstanbau.

Aber nicht allen geht es gut. Wenn die Ernte schlecht ist, müssen viele hungern. Auch die Fischer fangen nicht jeden Tag Fische. Und wenn sie etwas fangen, dann können sie ihren Fang nicht immer gut verkaufen.

Judits Vater ist Fischer. Manchmal hilft sie ihm, wenn er mit den anderen Fischern am Ufer sitzt und die Netze flickt. Dann hört sie gespannt zu, worüber die Fischer miteinander reden.

„Die Römer verlangen immer mehr Steuern von uns", sagt ein bärtiger Alter, „da bleibt uns kaum etwas zum Leben übrig." „Und unseren Tempel haben sie auch entweiht!", erregt sich einer. „Sei leise, dass dich niemand wegen Aufruhrs einsperrt!", flüstert ihm ein anderer zu.

Judit spürt, wie mutlos und traurig die Männer sind.

Da meint der Jüngste unter den Fischern: „Wenn aber nun einer käme, der uns gegen die Römer hilft, . . .?"

„Denkst du etwa an den Rabbi Jesus?"

„Vielleicht . . ."

Da wird Judit ganz aufmerksam. „Von Jesus habe ich doch schon gehört", denkt sie, „der ist so ganz anders als die Männer hier am See. Jesus lässt sich erzählen, was die Leute bedrückt. Er fragt danach, wie es ihnen geht. Ist jemand sehr traurig, versucht er zu trösten."

„Aber der redet nicht nur, der . . .", erschrocken blickt Judit auf. Den letzten Satz hat sie ganz laut gesagt.

„Wie meinst du das?", fragt sie der junge Fischer.

„Er hat doch kranke Menschen wieder gesund gemacht", antwortet Judit.

Sie springt auf. „Wenn Jesus an den See kommt, dann möchte ich auch dabei sein. Ich will sehen und hören, was er tut und erzählt."

Einige Tage später hört Judit, dass Jesus kommt. Sie will ihn sehen.

Judit begegnet vielen Menschen auf dem Weg zu Jesus. Sie beobachtet wie alle, trotz des beschwerlichen Weges, voller Erwartung sind. Sie merkt wie auch sie selbst immer schneller geht, um nur ja nichts zu versäumen.

Vor sich entdeckt sie Hanna, eine junge Witwe aus der Nachbarschaft.

„Hanna", bittet Judit, „darf ich mit dir gehen?" Sie fühlt sich allein doch ein wenig ängstlich. „Komm nur mit, Judit!", antwortet Hanna freundlich.

„Was wollen alle diese Leute bei Jesus?", denkt Judit.

Sie haben die Höhe des Berges erreicht. Jesus lässt die Menschen sich lagern. Judit zerrt Hanna hinter sich her ganz in die Nähe von Jesus und seinen Freunden. Sie möchte miterleben, wie Jesus sich um alle diese Leute kümmert.

Selig sind, die Leid tragen

Judit hört aufmerksam zu. „Selig sind, die da Leid tragen, denn sie sollen getröstet werden“, sagt Jesus.
Judit denkt darüber nach. „Leid tragen eigentlich viele Menschen: Einsame, Hungrige, Kranke und solche, die dort leben müssen, wo Krieg ist. Aber trösten, ja trösten ist gar nicht so einfach.“
Verstohlen schaut sie zur Seite. Neben ihr sitzt die Witwe Hanna. Erst letzte Woche ist ihr Mann gestorben. Jetzt ist sie mit den Kindern alleine. Ganz spontan nimmt Judit Hannas Hand und streichelt sie. Hanna schaut Judit ins Gesicht und lächelt ein wenig. Judit spürt, wie sie leicht ihre Hand drückt. „Das tut gut“, sagt Hanna. Judit wird ganz still. Was ist da mit ihr geschehen?
Als sie Jesus reden hörte, stand ihr der Kummer der Hanna plötzlich so vor Augen, als wäre es ihr eigener Schmerz. Sie musste einfach die Hand der Witwe ergreifen. Ihr Blick schweift von Hanna zu Jesus und wieder zurück.

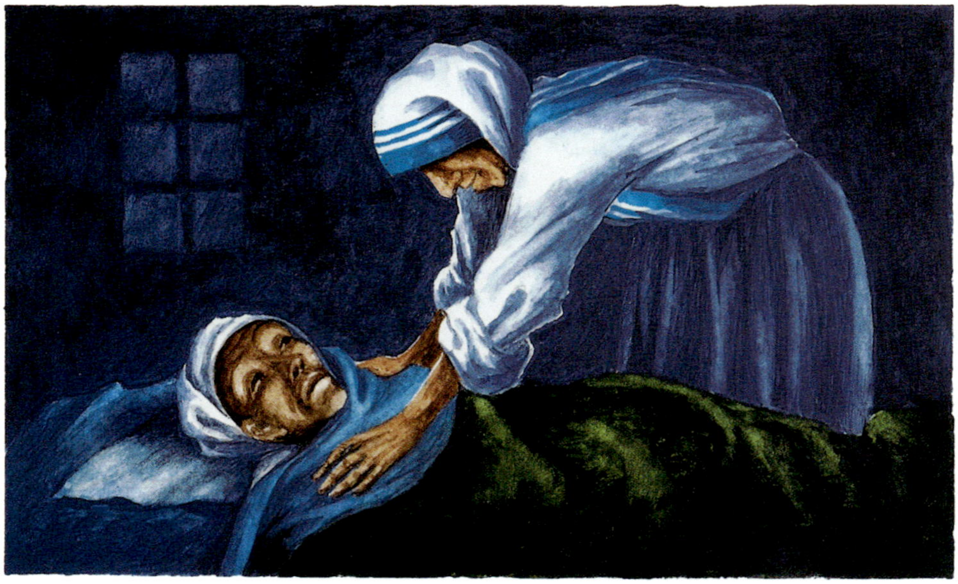

Leid erfahren – Leid annehmen – Leid mittragen
Immer wieder geschieht es. Mutter Teresa könnte viel dazu erzählen.
Im Kinderlexikon oder im Internet kannst du dich darüber informieren.

Selig sind die Barmherzigen

Eine ganze Zeit war Judit mit Hanna beschäftigt. Jetzt schaut sie wieder zu Jesus und seinen Freunden. Gerade sagt er:
„Selig sind die Barmherzigen, denn sie werden Barmherzigkeit erlangen."
„Sei du mal barmherzig zu den Menschen! Sie werden dir das als Schwäche auslegen und dich ausnützen!" Kopfschüttelnd nimmt ein junger Mann seinen Proviantsack, steht auf und geht.
Judit schaut ihm nach. „Hat der denn noch nie erlebt, dass auch er einmal einen anderen Menschen braucht – einen, der ihm beisteht?"
Da fällt Judit die Geschichte vom Samariter ein, die Jesus erzählt hat.
„Ja, der hat gewusst, was notwendig ist", denkt sie, „der hat nicht weggeschaut und ist nicht vorbeigeeilt, hat nicht lange gefragt. Der hat hingeschaut und einfach geholfen, egal, was die Menschen dachten."
Jetzt versteht sie, was Jesus mit Barmherzigkeit meint.

Zuschauen – wegschauen – hinschauen
Immer wieder geschieht es.

Selig sind, die Frieden stiften

Plötzlich bemerkt Judit wie die Leute aufgeregt miteinander reden. „Von wegen Frieden!“, hört sie einen Mann schreien. Er steht auf und ballt die Faust in Richtung Jesus. „Mit friedlichen Mitteln werden wir die Römer nie aus dem Land treiben können. Die kennen nur die Sprache der Waffen!“ Abrupt dreht er sich um und rennt weg.

„Was hat er nur?“, fragt sie Hanna, „Was hat Jesus denn gesagt?“ „Ach, das war schon ein aufrüttelnder Satz, den Jesus den Leuten zugerufen hat“, antwortet Hanna. „Selig sind, die Frieden stiften, denn sie werden Gottes Kinder heißen.“

„Frieden, ach ja, wenn Frieden auf der Welt wäre“, sagt Judit, „das müsste wie im Paradies sein. Kein Krieg, keine Gewalt, kein Streit, eben Frieden. Ob die Menschen jemals diese Hoffnung verwirklichen können?“

Dann aber wird sie nachdenklich: „Das ist ja gar nicht so einfach mit dem Frieden. Neulich, als ich Streit mit meinem Bruder hatte, . . .?“

Sie schaut fragend zu Hanna: „Menschen, die liebevoll miteinander umgehen, Gewalt nicht mit Gewalt beantworten, Streit schlichten und Frieden untereinander halten, die nennt Jesus Gottes Kinder?“ Hanna überlegt. Sie schaut auf Jesus und dann zu Judit. „Ja, ich glaube, Judit, so ist es“, erwidert sie versonnen. „Aber manchmal ist es wirklich schwer friedlich miteinander umzugehen!“

Gewalt erleiden – über die Ursachen nachdenken – der Gewalt widerstehen
Immer wieder geschieht es. Martin Luther King könnte dazu viel erzählen.
Im Kinderlexikon oder im Internet kannst du dich darüber informieren.

Sich hoffend an Gott wenden

Psalm 31, 8.15

Text: Kurt Rommel/Rüdeger Lüders
Melodie: Rüdeger Lüders

2. Gib uns Freiheit jeden Tag! Lass uns nicht allein.
   Lass für Frieden uns und Freiheit immer tätig sein.
   Denn durch dich, unsern Gott,
   denn durch dich, unsern Gott,
   sind wir frei in jedem Land.
   Lass uns nicht allein.

3. Gib uns Freude jeden Tag! Lass uns nicht allein.
   Für die kleinsten Freundlichkeiten
   lass uns dankbar sein.
   Denn nur du, unser Gott, denn nur du, unser Gott,
   hast uns alle in der Hand.
   Lass uns nicht allein.

Hoffnung erfüllt sich – die Speisung der 5000

Es ist Abend geworden. Aber die Leute, die Jesus zugehört haben, wollen noch nicht nach Hause gehen. Judit spürt, wie alle um sie her noch ganz erfüllt sind von dem, was Jesus zu ihnen gesagt hat. Die Freunde Jesu wollen die Menschen zurück in ihre Dörfer schicken. Denn da, wo sie jetzt sind, gibt es nichts zu essen. Und der Heimweg ist weit. Manche Kinder jammern auch schon. Selbst Judit merkt auf einmal, dass sie hungrig ist.
Da fragt Jesus seine Freunde: „Was habt ihr zu essen dabei?“ Erstaunt schauen die Jünger sich an. Dann kramen sie in ihren Taschen. „Fünf Brote und zwei Fische!“, sagen sie. „Die Leute sollen sich hinsetzen!“, sagt Jesus. Er spricht ein Dankgebet. Am Ende sagt er zu den Freunden: „Geht jetzt und teilt das Essen aus!“ Judit schaut zu den Jüngern. Werden die von dem Wenigen, das sie haben, etwas abgeben? Schon verteilen die Jünger Brot und Fisch. Da geschieht etwas Erstaunliches. Alle werden satt, alle haben etwas zu geben, alle teilen aus. Ja, sie sammeln nach dem Essen sogar noch Körbe voll mit Essensresten zusammen. Niemand, keine Frau, kein Mann, kein Kind bleibt hungrig.
„Hanna“, sagt Judit, „siehst du, jetzt hat sich doch wirklich schon ein wenig von unserer Hoffnung erfüllt!“
„Wie meinst du denn das?“, fragt Hanna.
„Na, schau doch! Alle, die hungrig waren, sind satt geworden. Jesus hat für alle gesorgt. Keiner hat nur an sich gedacht. Alle haben sie geteilt.“ „Du hast Recht, Judit, die Menschen haben gezeigt, dass sie verstanden haben, was Jesus ihnen sagen wollte.“
„Alle sind liebevoll miteinander umgegangen. Wird Jesus sie jetzt Gottes Kinder nennen?“
„Ach Judit, was du dir für Gedanken machst!“

Psalm 65, 6.10

Wenn jeder eine Blume pflanzte,
jeder Mensch auf dieser Welt,
und, anstatt zu schießen, tanzte
und mit Lächeln zahlte, statt mit Geld –
wenn ein jeder einen andern wärmte,
keiner mehr von seiner Stärke schwärmte,
keiner mehr den andern schlüge,
keiner sich verstrickte in die Lüge,
wenn die Alten wie die Kinder würden,
sie sich teilten in den Bürden,
wenn dies Wenn sich leben ließ,
wär's noch lang kein Paradies –
bloß die Menschenzeit hätt' angefangen,
die in Streit und Krieg uns beinah ist vergangen.

P. Härtling

Mit dem Evangelium leben

Sich bewegen lassen

In Bewegung sein.
Hände, Beine, Arme, Augen . . .

Ein Wirbel.
Viele durcheinander. Viele miteinander.
Einer fasst den anderen an.

Du wirst hin- und hergerissen.
Du öffnest dich.
Für dich selbst. Für andere.

Du nimmst etwas auf.
Du willst hören. Du willst sehen.
Du willst rufen, schreien.

Einer nimmt. Einer gibt.
Einer gibt. Einer nimmt.

Anstecken. Weitersagen.

Du wirst frei.
Alles anders. Alles neu.

Alle zusammen. Alle eins.
Miteinander. In einem Geist.

Alles wird leichter.
Menschen sind fröhlich, glücklich.
Alle sind begeistert.

Wie frischer Atem ist das, wie brausender Wind.
Wie sprühende Funken. Wie loderndes Feuer.

Geist. Lebendiger Geist.
Guter Geist. Geist von Gott.

Pfingsten.

Lies in deiner Bibel nach, was an Pfingsten in Jerusalem geschah.
Im Text und im Bild von Seite 61 kannst du viele Bilder und Zeichen entdecken, die von der Wirkung des Pfingstgeschehens erzählen.

Gemeinschaft erleben

Gottes Geist,
guter Geist,
was ist das?

Das ist:

Freundlich sein.
Geduldig sein.
Wahrhaftig sein.
Gütig sein.
Sich freuen können.
Anderen verzeihen.
Frieden halten.
Sich selbst beherrschen.
Den Mitmenschen helfen.
Einander lieben.

Kein Platz für Prahlerei.
Kein Platz für Neid.
Kein Platz für Zorn und Hass.

So wie bei Jesus.

Du kannst deine Vorstellungen von Gemeinschaft aufschreiben, malen oder pantomimisch darstellen.

Sich aufmachen

Zur Zeit Jesu lebte in Syrien Paulus, ein frommer Jude. Er lernte das Gesetz der Juden und hielt sich streng an ihre Gebote; denn er wollte vollkommen sein vor Gott. Ohne Mitleid verfolgte er die Christen. Er sagte: „Jesus ist am Kreuz gestorben. Wer am Kreuz stirbt, ist ein Verbrecher. So einer kann nicht der Messias sein!“

Da geschieht etwas mit Paulus. Urplötzlich. Auf dem Weg nach Damaskus. Ein Licht strahlt auf. Er sieht Jesus Christus. Paulus erkennt: Jesus Christus ist der Herr, er allein. Paulus weiß jetzt: Nicht ich habe Recht, sondern die Christen. Paulus ist danach wie verwandelt: Ein neuer Mensch. Später schreibt er: „Ich habe Jesus gesehen. Aus der Finsternis strahlte das Licht. Es strahlte auf im Angesicht von Jesus Christus. Es strahlte auf in meinem Herzen. So wollte es Gott.“

Paulus lässt sich von Hananias taufen. Nun ist er selber Christ. Jetzt weiß er, was er tun muss: Er muss zu denen gehen, die Jesus Christus noch nicht kennen. Er macht sich auf und erzählt von seinem neuen Glauben. Die ersten christlichen Gemeinden entstehen.

Paulus hat alles dafür getan, das Evangelium von Jesus Christus zu verkündigen. Viel hat er dafür ausgehalten: Er hat gefroren, war hungrig und durstig. Er fühlte sich schwach. Oft war er krank, oft in Todesgefahr. Er war im Gefängnis, wurde ausgepeitscht und gesteinigt. Er war in Seenot und bekam immer wieder Schläge, Schläge von Römern, Schläge von Juden. Paulus starb um 60 n. Chr. für seinen Glauben an Jesus Christus.

Immer wieder machen sich Menschen auf den Weg – früher und heute. Sie wollen die Frohe Botschaft weitererzählen und mit dem Evangelium leben.
Menschen, die sich aufmachen, können viel verändern!

Aufeinander zugehen

Paulus geht viele steinige Wege. Überall versucht er den Menschen die Frohe Botschaft von Jesus Christus nahe zu bringen. Viele hören ihm zu, manche zweifeln, andere lachen ihn aus.
Trotzdem gelingt es ihm immer wieder, neue Gemeinden zu gründen. Dort versuchen Menschen, im guten Geist Gottes miteinander zu leben.
Paulus reist nach der Gründung einer Gemeinde bald wieder weiter. Oft macht er sich Sorgen um die Menschen dort. Wird die Gemeinschaft halten? Werden die Gemeindeglieder bereit sein, auch in schwierigen Zeiten zusammenzustehen und steinige Wege miteinander zu gehen?

Auch heute müssen Menschen in den Gemeinden aufeinander zugehen.
Sprecht mit euren Eltern darüber.

Miteinander in Verbindung bleiben

Paulus schreibt viele Briefe
an seine Gemeinden.
Er macht den Menschen Mut,
ermahnt sie aber auch.

SEID EINTRÄCHTIG
UNTEREINANDER UND
NEHMET EINANDER AN,
SO WIE CHRISTUS EUCH
ANGENOMMEN HAT.

nach Römer 15,7

... HELFT DENEN, DIE IN NOT SIND!
WER VIEL GIBT, GIBT NICHT ZU VIEL!
WER WENIG GIBT, GIBT NICHT ZU WENIG!
GOTT LIEBT DEN, DER GERNE GIBT.
ICH DANKE GOTT! ...

nach Korinther 2,8 und 9

SEID FREUNDLICH ZUEINANDER!
VERTRAGT EUCH! HALTET ZUSAMMEN!
BETET! LASST EUCH NICHT EINSCHÜCHTERN!
ICH WÜNSCHE EUCH FREUDE. FREUT EUCH!
NOCH EINMAL: FREUT EUCH! SORGET EUCH
NICHT! FRIEDE SOLL MIT EUCH SEIN –
FRIEDE VON GOTT – ANDERS ALS MENSCHEN
ES BEGREIFEN KÖNNEN! FREUT EUCH! ...

nach Philipper 4,4–7

Wo sich Menschen von der Botschaft solcher Briefe ansprechen lassen, kann sich vieles bewegen und verändern.

Zum Glauben finden

Ich bin Lydia, eine Unternehmerin, und habe große Freude an meinem Beruf. Ich handle mit kostbaren Purpurstoffen. Es geht mir gut. Ich bin reich und kann mir vieles leisten. Meine Stoffe verkaufen sich gut in Philippi.

Aber das Geschäft ist für mich nicht alles. Ich möchte wissen, was die Juden von Gott erzählen. Ihren Glauben nehme ich ernst. Deshalb komme ich zu ihren Gottesdiensten und bete mit ihnen zu dem einen Gott. Das Gesetz des Mose ist mir wichtig. Bei all dem, was mir an diesem Glauben der Juden wichtig ist, habe ich aber auch noch viele Fragen. Ob es jemanden gibt, der sie mir beantworten kann?

Heute ist Sabbat. Ein leichter Wind macht die Mittagshitze erträglich. Ich habe mich wieder mit einigen Freundinnen am Fluss verabredet. Wir gehen zu der kleinen Gebetsstätte der Juden. Dort sehen wir zwei fremde Männer. Wir kommen mit ihnen ins Gespräch. Einer von ihnen ist Paulus. Er wird begleitet von Silas, seinem Freund. Paulus beginnt zu erzählen. Das, was er sagt, klingt unglaublich. Wie gebannt höre ich ihm zu. Paulus erzählt von dem, was er selber auf dem Weg nach Damaskus erlebt hat, wie für ihn plötzlich vieles zusammenbrach, woran er bisher geglaubt hatte und wie er Jesus Christus als seinen Herrn erkannte – Jesus, der gekreuzigt wurde und den Gott auferweckt hat.

Seine Worte treffen mich tief ins Herz. Noch nie hat mich eine Botschaft so bewegt. Jetzt ist mir klar: Was Paulus von Jesus Christus erzählt ist wahr. Zu diesem Jesus möchte auch ich gehören. Er soll auch mein Herr sein. Paulus soll mich gleich taufen.

Auch meine Familie soll zu dieser Gemeinschaft der Christen gehören. Deshalb muss Paulus in mein Haus kommen und sie alle taufen. Ich wünsche mir von Herzen, dass diese Gemeinschaft noch viel größer wird und viele Menschen dazu kommen, die an Jesus Christus glauben und in seinem Geist miteinander leben, miteinander das Brot brechen, beten, teilen und sich gegenseitig helfen. Mein Haus soll für sie immer offen sein.

Auch heute werden Menschen durch die Taufe Christen.
Die meisten von euch sind getauft.
Ist es euch wichtig, getauft zu sein?

Miteinander im Glauben leben

Nimm mich ganz fest an deine Hand,
Herr, und lass uns eine Kette bilden
mit andern, die zu dir gehören
– so wie ich.
Hilf mir, sie zu finden, wo sie auch leben
und wie sie auch aussehen,
denn sicher suchen sie auch mich.
Und wenn ich lange laufen muss,
lass mich nicht müde werden.
Ich brauche sie und weiß,
sie brauchen mich.
Ich bin nur ein Glied unter vielen,
nicht fähig mich allein zu tragen.
Die aber, die ich suche,
sprechen meine Sprache,
selbst wenn sie nur
mit Augen und mit Händen reden.
So wie sie mir begegnen, spüre ich,
dass sie dich lieben – genau wie ich.
Nur wenn wir Glieder eine Kette bilden,
die du allein zusammenhältst,
können sich andere anhängen.
Du machst es möglich,
dass das Band nicht reißt.

Auch du bist ein Glied in dieser Kette.

Den Glauben bekennen

Erkennen – bekennen – erkennbar sein
Interessante Zusammenhänge, über die es sich lohnt, nachzudenken.

Einander annehmen

Wenn die beiden Schafe sprechen würden!
Du kannst viel dazu erzählen, schreiben, spielen, . . .
Manchmal werden auch Menschen als „schwarze Schafe" bezeichnet.

Füreinander da sein

Viele Kinder – oft auch ganz in eurer Nähe – brauchen Hilfe.
Erkundigt euch, wie ihr helfen könnt.

Im Glauben Zuversicht finden

Immer wieder geraten Menschen wegen ihres Glaubens in Nöte und in Bedrängnis. Sie werden bedroht, verfolgt, manchmal sogar eingesperrt.
Menschen erleben diese Situationen unterschiedlich:

Manche können hoffen.
Manche sind ängstlich und verzweifelt.
Manche fühlen sich einsam und verlassen.

Manche können vertrauen und fühlen sich geborgen.
Manche . . .

So hat Paulus aus dem Gefängnis zu den Menschen gesprochen und ihnen Mut gemacht:

„. . .Aber ich bin sicher:
Nichts wird uns von
Gott trennen,
nichts von seiner Liebe,
nichts wird uns von
Jesus trennen,
nicht das Böse
unter den Menschen,
nicht das Böse sonst wo,
nicht das Böse jetzt,
nicht das Böse in Zukunft.
Nichts!“

Gefangen und doch frei! Das Bild erzählt davon.
Sieh dir dazu auch das Bild auf Seite 56 an.

Auch Dietrich Bonhoeffer geriet wegen seines Glaubens in Nöte und Bedrängnis. Er wurde als Verräter ins Gefängnis geworfen.
Dort schrieb er dieses Lied, dessen Text auch heute noch Menschen Mut machen kann:

Von guten Mächten treu und still umgeben,
behütet und getröstet wunderbar,
so will ich diese Tage mit euch leben
und mit euch gehen in ein neues Jahr.

Noch will das Alte unsre Herzen quälen,
noch drückt uns böser Tage schwere Last.
Ach Herr, gib unsern aufgeschreckten Seelen
das Heil, für das du uns geschaffen hast.

Und reichst du uns den schweren Kelch, den bittern
des Leids, gefüllt bis an den höchsten Rand,
so nehmen wir ihn dankbar ohne Zittern
aus deiner guten und geliebten Hand.

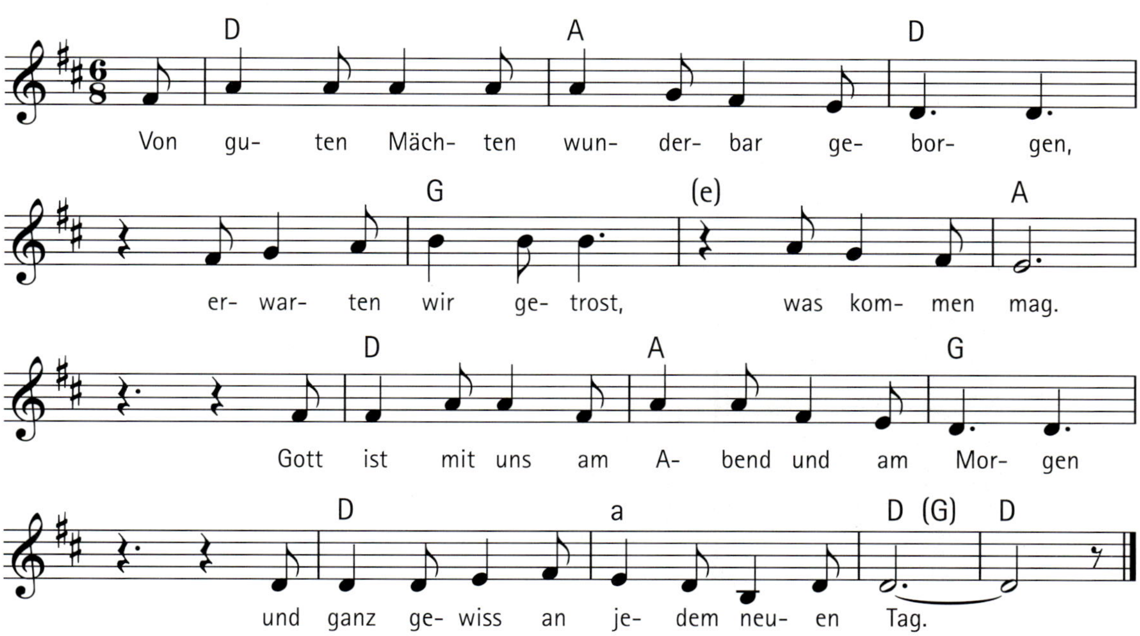

Das Bild von Seite 72 könnte auch von Bonhoeffer erzählen.

Ein junger Mann hatte einen Traum.
Er betrat einen Laden.
Hinter der Ladentheke
sah er einen Engel stehen.
Hastig fragte er den Engel:
„Was verkaufen Sie, mein Herr?“
Der Engel gab freundlich zur Antwort:
„Alles, was Sie wollen.“
Da fing der junge Mann sofort an zu bestellen.
„Dann hätte ich gern:
Das Ende der Kriege in der Welt,
bessere Bedingungen für die Randgruppen
in der Gesellschaft,
Beseitigung der Elendsviertel
und . . .“
Da fiel ihm der Engel ins Wort
und sagte:
„Entschuldigen Sie, junger Mann,
Sie haben mich nicht richtig verstanden.
Wir verkaufen hier keine Früchte,
wir verkaufen hier nur
den Samen.“

Mit Gottes Geboten leben

Im Land des Lebens miteinander leben – ein Geschenk und eine Aufgabe

Du kannst deine Vorstellungen vom Land des Lebens in einer wunderbaren Geschichte, einem strahlenden Bild, einem schönen Gedicht zum Ausdruck bringen.

Das Land des Lebens
ist dort, wo Menschen
miteinander reden und sich
nicht nur SMS schreiben.
(Tanja, 10 Jahre)
Das Land des Lebens
ist dort, wo Menschen
keinen ausschließen.
(Timo, 9 Jahre)
Das Land des Lebens
ist dort, wo keiner
hungern muss.
(Anna, 10 Jahre)
Das Land des Lebens
ist dort, wo man
nach einem Streit
wieder gut miteinander
leben kann.
(Florian, 10 Jahre)
Das Land des Lebens
ist dort, wo man
allen trauen kann.
(Maria, 11 Jahre)

Sich für das Leben entscheiden – Orientierungshilfen finden

Eine Wegweisung, die viel anregen und anstoßen kann.

Den falschen Weg wählen – dennoch angenommen sein

Dazu erzählt Jesus eine Geschichte:

„Ein Vater hatte zwei Söhne. Der Jüngere sagte zu ihm: Wenn du einmal stirbst, Vater, dann bekomme ich einen Teil von all dem, was dir gehört. Aber ich kann nicht warten, bis du gestorben bist. Ich möchte alles jetzt schon haben!

Da verteilte der Vater das, was er besaß, unter seine beiden Söhne. Der Jüngere verkaufte sogleich alles und zog mit dem Geld in die Fremde. Dort lebte er in Saus und Braus bis er die letzte Münze verjubelt hatte. Gerade zu dieser Zeit brach eine große Hungersnot aus. Der junge Mann hatte nichts mehr zu essen. Er suchte Arbeit und fand endlich eine Stelle als Schweinehirt. Er war so hungrig, dass er am liebsten das Futter für die Schweine gegessen hätte. Da dachte er: Die Taglöhner, die bei meinem Vater arbeiten, bekommen genug zu essen. Und ich soll hier verhungern? Ich habe mich falsch verhalten, ich will umkehren und zu meinem Vater gehen und bei ihm als Tagelöhner arbeiten. So machte er sich auf den Weg. Der Vater sah ihn schon von weitem. Er lief ihm entgegen, umarmte und küsste ihn. Der Sohn sagte: Vater, ich habe mich schlecht gegen Gott und gegen dich benommen. Ich habe es nicht verdient, dass ich noch dein Sohn bin. Lass mich bei dir als Taglöhner arbeiten. Da drehte sich der Vater um, rief seine Diener und befahl: Holt das schönste Kleid und zieht es ihm an! Bringt ihm Schuhe! Steckt ihm einen Ring an den Finger! Schlachtet ein Kalb! Wir wollen ein Fest feiern. Denn mein Sohn war verloren, aber jetzt haben wir ihn wiedergefunden!

Als der ältere Sohn von der Arbeit auf dem Feld zurück kam, hörte er die Musik im Haus. Er fragte einen Diener: Was wird hier gefeiert? Dein Bruder ist zurückgekommen, antwortete der Diener, darum hat dein Vater ein Kalb schlachten lassen. Da wurde der ältere Sohn zornig und rief: Solange dieser Vagabund im Haus ist, gehe ich nicht hinein. Der Vater aber kam heraus und fragte ihn: Warum kommst du nicht zum Fest? Der ältere Sohn antwortete: Vater, ich habe die ganze Zeit schwer für dich gearbeitet. Wenn du mir etwas befohlen hast, habe ich es ohne Murren getan. Habe ich auch nur einmal mit meinen Freunden ein Fest feiern können? Aber mein Sohn, sagte der Vater, was soll ich dir denn geben? Alles, was ich habe, gehört dir ja! Aber jetzt, da dein Bruder heimgekommen ist, kann ich nicht anders: Ich muss mich freuen und feiern."

Beide Söhne machen wichtige Erfahrungen für ihr Leben. Ihr könnt dazu schreiben, malen, . . .

Füreinander da sein

Es gibt Tage, an denen man, wenn man aufwacht, ganz genau weiß, dass man etwas vergessen hat. Nur, was man vergessen hat, weiß man nicht. Mit so einem Gefühl wacht Andy an diesem Morgen auf. Was konnte er bloß vergessen haben? Gerade kommt Christa, seine Schwester, ins Zimmer und zeigt ihm ein buntes Päckchen. „Was hast denn du für die Mami zum Geburtstag?“, fragt sie. „Du liebe Zeit!“, sagt Andy. „Ich habe Muttis Geburtstag vergessen. Ich habe nichts.“ „Das ist ein bisschen wenig!“, sagt Christa. Andy springt aus dem Bett, zieht sich an und beginnt hektisch in all seinen Schubladen zu suchen. Andy überlegt und überlegt. Bald würde die Mutter aufstehen. Ganz still ist es im Zimmer. Nur der Wecker tickt. Der Wecker – ? Andy springt auf, holt Bleistift und Notizblock. Ein Geburtstagsgedicht! Ein selbst erfundenes Geburtstagsgedicht! Das ist die Idee! Er denkt und denkt, er schreibt, streicht durch und schreibt. Zum Schluss schreibt er das Ganze auf einen weißen Pappendeckel:

Mein Wecker ist nicht laut und nicht aus Blech gebaut.
Er rasselt nicht – er spricht.
Und wenn ich in die Schule muss,
dann weckt er mich mit einem Kuss.

„Danke“, schreibt er noch in Schmuckbuchstaben dazu. Andy packt sein Gedicht in Weihnachtspapier ein, denn natürlich hat er auch kein Geschenkpapier. „Weihnachtspapier?“, fragt die Mutter, als Andy ihr sein Geschenk überreicht. „Ja“, sagt Andy, „der Geburtstag soll wie Weihnachten für dich sein.“ Mutter macht Andys Päckchen zuerst auf, liest das Gedicht und lächelt. Nachdem sie auch die anderen Päckchen aufgemacht hat, liest sie das Gedicht noch einmal. Christa liest mit. „Nicht schlecht für die kurze Zeit!“, sagt sie leise zu Andy. „Aber dass sich die Mutti über dein Geschenk am meisten freut – also ganz fair find ich das nicht!“

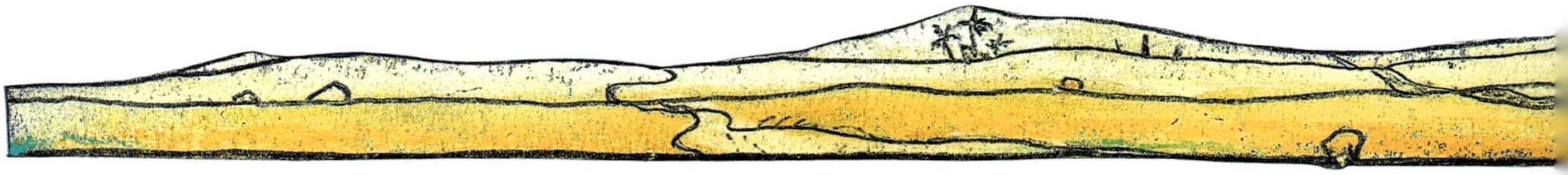

Einige Wochen später:

Es ist Samstag Morgen. Andy, Christa und die Eltern sitzen beim Frühstück. Jeder ist mit seinen Gedanken beschäftigt.

Andy denkt: „Warum sitzen die schon wieder so lange hier herum? Papa wollte doch mit mir zum Steinbruch fahren und nach Versteinerungen suchen. Da kennt er sich aus wie kein anderer. Wird wohl wieder nichts werden! Keine Zeit, wird er mir sicher wieder sagen. Na gut, dann setz ich mich eben an meinen Computer. Soll mich bloß keiner stören!“

Christa sitzt missmutig am Tisch. Sie denkt: „Langweilig ist das heute wieder. Wie lange wollen die noch frühstücken. Ich möchte längst bei Sabine sein. Unser Tag ist voll cool geplant. Was interessiert mich, was die hier vorhaben?“

Mutter überlegt: „Schon wieder eine Ablehnung auf meine Bewerbung! Dabei hatte ich mich so auf die neue Stelle gefreut! Jetzt, wo Andy groß ist und mich nicht mehr den ganzen Tag braucht, hätte ich gerne wieder in meinem alten Beruf gearbeitet. Aber meine Männer interessiert das ja alles nicht. Für das, was mir wichtig ist, hat doch hier sowieso niemand Zeit und Interesse. Muss ich denn immer nur für die anderen da sein?“

Vater plant: „Endlich! Heute können wir in die Stadt fahren und uns nach neuen Gartenmöbeln umschauen. Heute ist viel Zeit dafür. Bei unserem Italiener waren wir auch schon lange nicht mehr zum Essen. Vielleicht haben die anderen ja noch Lust nachmittags ins Schwimmbad oder vielleicht sogar ins Kino zu gehen.“

In die Stille hinein sagt Vater: „Hättet ihr nicht Lust,. . .“

Andys und Christas Familie – ein Land des Lebens?
Wie gehen Eltern und Kinder mit den Wegweisungen auf dem Orientierungsstein um?
Den Text auf dem Grund-Stein findest du auch auf Seite 16.

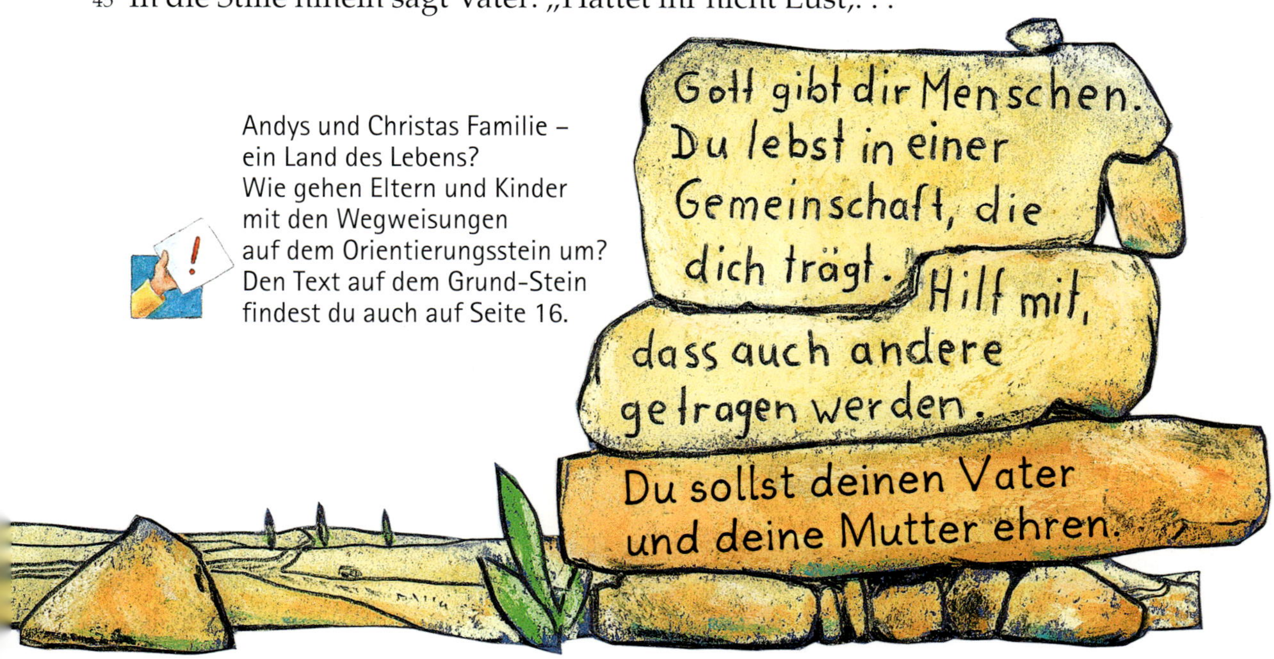

Sich für das Leben einsetzen

Eine Geschichte von Verena und ihren Freunden

Die Schulglocke läutet. Alle stürmen aus dem Schulhaus. Nur Verena hat keine Eile. Langsam zieht sie ihre Jacke an. „Hoffentlich sind sie heute schon weg! Hoffentlich passen sie mich nicht wieder ab! Hoffentlich . . .!“. Verena hat Angst, schreckliche Angst. „Was wollen die beiden eigentlich noch von mir. Max und Fabian sind so gemein. Immer noch mehr Geld wollen sie. Mein ganzes Taschengeld haben sie doch schon bekommen.“ „Wir machen dich fix und fertig, wenn du die Scheine nicht bringst! Und wehe dir, wenn irgend jemand etwas von der Sache erfährt!“ Diese Drohung macht ihr noch mehr Angst. Noch langsamer verlässt sie das Schulhaus. Eigentlich möchte sie gar nicht auf die Straße. Da ist sie wieder, die Hecke, hinter der die beiden immer stehen. „Nur schnell vorbei!“, denkt sie. Aber sie hat auch heute keine Chance. Fabian steht grinsend vor ihr. „Du hast doch etwas in der Tasche für uns? Her damit!“, sagt Max barsch und drohend. Fabian packt Verena am Arm und hat schon die Schultasche in der Hand. Ängstlich schaut sich Verena um. Ist denn keiner da, der ihr helfen kann?

„Was macht ihr drei denn da?“, Verena hört die Stimme Manuels.

Ihr findet sicher Möglichkeiten, wie diese vier Kinder den Weg ins Land des Lebens finden können.
Der Orientierungsstein kann dabei helfen.

Eine Geschichte von Albert Schweitzer

Albert Schweitzer, der sich als Arzt in einem Urwald-Hospital in Afrika für das Leben und die Gesundheit der Menschen eingesetzt hat, erzählt:

Einen tiefen Eindruck machte mir ein Erlebnis aus meiner Kindheit. Heinrich und ich hatten uns Steinschleudern gemacht. An einem Sonntagmorgen sagte er: „Komm, wir gehen in den Rehberg und schießen Vögel!" Dieser Vorschlag war mir schrecklich, aber ich wagte nicht zu widersprechen. So kamen wir in die Nähe eines kahlen Baumes, auf dem die Vögel, ohne sich vor uns zu fürchten, lieblich in den Morgen hinaussangen. Sich wie ein Indianer duckend legte mein Begleiter einen Kiesel in seine Schleuder und spannte sie. Seinem gebieterischen Blicke gehorchend tat ich unter furchtbaren Gewissensbissen dasselbe, mir fest gelobend daneben zu schießen. In diesem Augenblicke fingen die Kirchenglocken an in den Gesang der Vögel hineinzuläuten. Für mich war es eine Stimme aus dem Himmel. Ich legte die Schleuder weg, scheuchte die Vögel auf, dass sie wegflogen und vor der Schleuder meines Begleiters sicher waren.

Von jenem Tage an habe ich es gewagt, mich von der Menschenfurcht zu befreien. Wo meine innerste Überzeugung im Spiele war, gab ich jetzt auf die Meinung anderer weniger als vorher.

Albert Schweitzer hat für sich einen Weg ins Land des Lebens entdeckt.
Welche Rolle spielen dabei die Wegweisungen auf dem Orientierungsstein?
Den Text auf dem Grund-Stein findest du auch auf Seite 16.

Dem anderen gerecht werden

„Natürlich wieder Franziska. Franziska hier, Franziska da." Wütend knallt Florian die Tür hinter sich zu. Er will alleine sein. Er wirft sich auf sein Bett und zieht die Decke über den Kopf. Eigentlich will er sie gar nicht mehr sehen – diese Schwester. Immer muss nur sie im Vordergrund stehen.
Erst gestern, als Florian stolz von seinem Sieg mit der Fußballmannschaft erzählen wollte, da hat sie sich doch glatt wieder vorgedrängelt und Papi von der Aufführung ihrer Theatergruppe erzählt, in der sie natürlich die Hauptrolle spielen muss. Sofort war Papis ganze Aufmerksamkeit bei Franziska. Es ist immer dasselbe. Sie kann einfach nicht zurückstehen.
Auch kürzlich, als Oma zu Besuch war, hat sie sich wieder ganz schön eingeschleimt. Oma war begeistert von ihr. Und ich? Ich stehe dann daneben und fühle mich einfach betrogen. Diebstahl ist das! Richtiger Diebstahl!
Ja und heute, das war wohl das allerschärfste. Ich habe mich mit Kathrin verabredet. Wir wollten unsere neuen CDs austauschen. Ich hatte mir den Nachmittag so schön vorgestellt. Aber jetzt ist alles anders gekommen. Beim Mittagessen habe ich von Kathrins Besuch erzählt. „Ich kann mir nicht vorstellen, dass Kathrin deine Baby-CDs hören will. Du kannst sicher sein, Kathrin hört meine neuesten CDs viel lieber! Sicher hat sie einfach nichts besseres vor!", tönte Franziska gehässig.
Das war zu viel für Florian! Muss sie ihm immer alles zerstören?

Franziska und Florian – wie könnten sie das Land des Lebens entdecken?

Es klingelt. Das muss Kathrin sein. Florian stürmt zur Tür und will sie begrüßen. Da steht doch schon wieder diese Schwester hinter ihm. „Du, ich hab' eine ganz neue CD! Die gefällt dir bestimmt! Komm, ich spiel sie dir vor", sprudelt Franziska und zerrt Kathrin sofort in ihr Zimmer.
Florian bleibt sprachlos zurück. Er ist tief enttäuscht. Schon wieder ist ihm Franziska zuvorgekommen. Was kann er bloß machen? Wie kann er Kathrin für sich gewinnen?
Viele Gedanken schwirren ihm durch den Kopf. War da nicht neulich die Sache mit den Handys? Stefan und seine Clique gaben ganz schön an damit. Auch Kathrin hatte eines. Stolz zeigte sie es allen in der Gruppe. Ja, das ist es! Ein Handy muss her! Das macht Eindruck! Sicher auch auf Kathrin! Dann könnte er mit ihr telefonieren oder ihr immer wieder eine SMS schicken. Seine Schwester hätte dann keine Chance. Kathrin würde wenigstens bei diesen Gelegenheiten nur ihm alleine gehören und er müsste sie nicht ständig mit seiner Schwester teilen.
Aber wie soll er an so ein Ding kommen? Sein Taschengeld reicht nicht. Die Eltern werden ihm sicher keines kaufen. Der Geburtstag ist noch in weiter Ferne. Er erinnert sich an Stefans Schultasche. Gedanken, die er bisher nicht kannte, erfassen ihn und lassen ihn nicht mehr los.

Nicht nur für Florian, auch für Franziska sind gute Wegweisungen notwendig. Den Text auf dem Grund-Stein findest du auch auf Seite 16.

Mit Worten sorgsam umgehen

Ein Märchen aus Kuba

Eines Tages entschloss sich der Herrscher der Welt, Obatalah, die Herrschaft in die Hände eines anderen zu legen. Er dachte an seinen treuen Gehilfen Orula. Dieser war noch unerfahren. Darum wollte der Herrscher seine Klugheit prüfen. Er befahl, dass dieser ihm die beste Speise bereite, die er bereiten könne. Orula gehorchte und begab sich auf den Markt. Dort erwarb er eine Rinderzunge. Zu Hause kochte er die Zunge und würzte sie. Obatalah kostete die Zunge. Noch nie hatte er so etwas Gutes gegessen. „Sag mir, Orula, warum hast du gerade eine Zunge gewählt?" „Großer Herrscher", antwortete Orula, „eine Zunge ist eine sehr wichtige Sache. Mit der Zunge kannst du eine gute Sache loben und jemandem danken, der eine gute Tat vollbracht hat. Mit der Zunge kannst du gute Nachrichten verkünden und die Menschen auf den rechten Weg führen." „Alles, was du sagst, stimmt", sagte Obatalah und dachte sich: Orula ist ja doch ein sehr weiser Mann.

Doch der große Herrscher entschloss sich, Orula noch einmal auf die Probe zu stellen. „Jetzt wünsche ich, dass du mir die schlechteste Speise bereitest." Orula erwarb wieder eine Rinderzunge. Als der große Herrscher erneut auf der Schüssel eine Zunge sah, wunderte er sich und sprach: „Zuerst hast du mir eine Zunge als die beste Sache der Welt gebracht, jetzt bringst du sie mir als die schlechteste Sache der Welt. Wie willst du mir das erklären?" „Großer Herrscher", antwortete Orula, „die Zunge ist eine sehr wichtige Sache. Mit der Zunge kannst du den guten Ruf eines Menschen vernichten. Mit der Zunge kannst du Menschen verraten und sie ins Verderben stürzen."

Als das Obatalah hörte, sagte er zu Orula: „Alles, was du sagst, ist wahr. Obwohl du jung bist, bist du ein sehr weiser Mann." Und er legte die Herrschaft über die Welt in seine Hände.

Mit Worten kannst du viel anrichten und viel ausrichten!

Eine Geschichte aus dem Schulalltag

Lena und Sebastian sind gute Freunde. Dass Lenas Vater arbeitslos ist, weiß nur Sebastian. Als ihr Freund weiß er aber auch, dass Lena darüber nicht sprechen will. Sie schämt sich so sehr.

In der Klasse ist eine Fahrt ins Schullandheim geplant. Dieser Aufenthalt kostet viel Geld. Weil Lenas Vater arbeitslos ist, hat die Lehrerin Lenas Anteil aus den Elternspenden bezahlt. Das sollen aber Lenas Mitschüler nicht wissen.

In diesen Wochen wird in der Klasse nur noch über den Schullandheimaufenthalt gesprochen. Auch Kurt und Sebastian unterhalten sich auf dem Heimweg darüber. Sebastian meint: „Hoffentlich darf Lena auch mitfahren. Es wäre schade, wenn sie nicht dabei sein könnte. Sie hat immer so gute Ideen. Aber leider ist ihr Vater zur Zeit arbeitslos und die Familie hat nur wenig Geld."

Am Nachmittag treffen sich Sebastian und Kurt mit ihren Freunden. Sie machen letzte Planungen für die Fahrt. Dabei sprechen sie auch über Lena.

Am nächsten Tag wundert sich Lena über das Verhalten ihrer Mitschüler.

„Ach, hätte ich doch . . ."
Hätte Sebastian doch die richtige Wegweisung für sich entdeckt!
Den Text auf dem Grund-Stein findest du auch auf Seite 16.

Ich bin ein paar Jahre älter als ihr
und ihr werdet ein paar Jahre
länger leben als ich.
Das hat nicht viel auf sich.
Aber glaubt mir trotzdem:
Wenn Unrecht geschieht,
wenn Not herrscht,
wenn Dummheit waltet,
wenn Hass gesät wird,
wenn Muckertum sich breit macht,
wenn Hilfe verweigert wird,
– stets ist jeder Einzelne
zur Abhilfe mit aufgerufen.
Nicht nur die jeweils „zuständige Stelle".
Jeder ist mitverantwortlich,
für das, was geschieht,
und für das, was unterbleibt.
Und jeder von uns und euch
– auch und gerade von euch –
muss es spüren,
wann die Mitverantwortung
neben ihn tritt und schweigend wartet.
Wartet, dass er
handle,
helfe,
spreche,
sich weigere
oder empöre,
je nachdem.
Fühlt er es nicht, so muss er's fühlen lernen.
Beim Einzelnen liegt die große Entscheidung.

E. Kästner

Nach den Wurzeln des Glaubens suchen – Wege zueinander finden

Sich über Gott Gedanken machen

Die Blinden und die Sache mit dem Elefanten

In einer großen Stadt waren alle Einwohner blind. Eines Tages besuchte ein König diese Stadt. Er besaß einen großen Elefanten, den alle Menschen bewunderten, die ihn sahen. Auch die Blinden wollten den Elefanten kennenlernen. Sie eilten zu ihm, um seine Gestalt und Form festzustellen. Da sie ihn ja nicht sehen konnten, tasteten sie ihn mit ihren Händen ab. Jeder berührte irgendeines seiner Glieder, gewann davon eine Vorstellung und bildete sich ein, etwas zu wissen, weil er einen Teil fühlen konnte. Als sie in die Stadt zurückkehrten, erzählten sie den neugierigen und zurückgebliebenen Menschen etwas über das Aussehen und die Gestalt des Elefanten: Einer, der das Ohr des Elefanten betastet hatte, meinte: „Er ist ein großes, rauhes Etwas, breit und weit wie eine Decke." Einer, der den Rüssel betastet hatte, meinte: „Er ist lang und innen hohl wie eine Röhre." Und der, der die dicken Beine gefühlt hatte, sprach: „Soweit ich erkennen konnte, ist er mächtig und fest wie eine Säule."

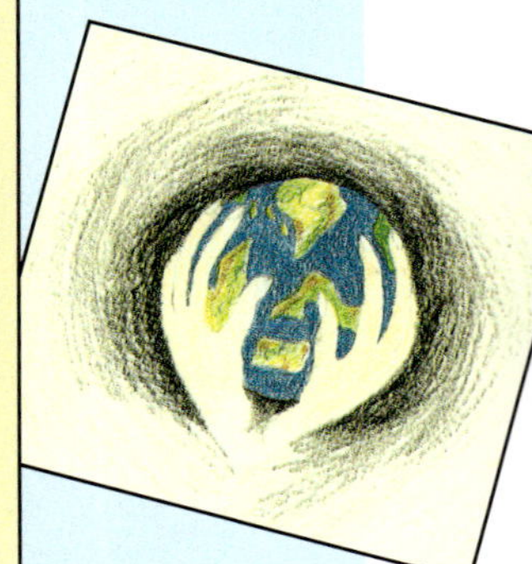

Wie sieht dein Bild aus?

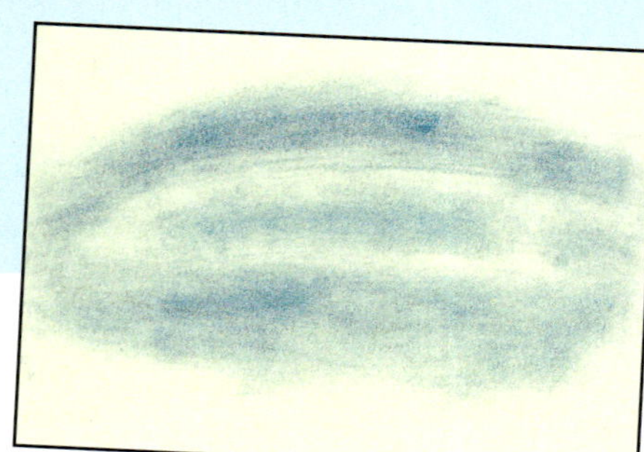

In biblischen Geschichten von Gott hören

Du kennst diese Geschichten, die Jesus erzählt hat. Mit ihnen zeigt er, wie Gott zu den Menschen ist. Viele können nicht glauben, dass Gott so großzügig, so barmherzig und so liebevoll zu allen Menschen ist. Immer wieder kommt es darüber zum Streit.
Ihr könnt so ein Streitgespräch spielen oder aufschreiben.

In Ängsten leben

Martin Luther wird am 10. November 1483 in Eisleben geboren. Er wächst in einem strengen Elternhaus auf. Zu dieser Zeit gibt es nur wenige Schulen im Land. In den kleinen Städten und Dörfern kann man nur lesen und schreiben lernen. Wer mehr lernen möchte, muss in eine größere Stadt ziehen.
So geht Martin zunächst in Mansfeld, später in Magdeburg und Eisenach zur Schule. Dort geht es sehr streng zu. Es gibt harte Strafen und auch Schläge.
Europa besteht in dieser Zeit aus vielen kleinen Ländern, die von Fürsten regiert werden. Diese Länder und die großen Städte gehören zum „Heiligen Römischen Reich Deutscher Nation". Dieses Reich wird vom Kaiser regiert. Er sorgt für Frieden und Sicherheit im Reich und trifft sich mit den Fürsten und den Vertretern der freien Städte regelmäßig zu Reichstagen. Dort werden neue Gesetze beschlossen, Steuern festgelegt, Kriegszüge geplant und andere wichtige Fragen, die das ganze Reich betreffen, besprochen.
Auch die Kirche ist sehr mächtig. An ihrer Spitze steht der Papst in Rom. Er bestimmt was in der Kirche geschieht und was dort gelehrt wird.
Es ist eine unruhige Zeit. Immer wieder gibt es Krieg. Krankheiten wie Pest und Cholera breiten sich aus. Unter den Menschen herrscht große Angst. Am schlimmsten ist die Angst vor dem, was nach dem Tod kommt. Die Menschen glaubten, dass sie nach dem Tod vor Christus als den strengen, von Gott eingesetzten Richter treten müssen. Wer auf Erden Gutes getan hat, darf hoffen, dass er zu Gott in den Himmel kommt. Wer aber Böses getan hat, muss zuerst im Fegefeuer für seine Sünden büßen oder er kommt sogar für immer in die Hölle.
Martin Luther erzählt einmal: „Ich wurde von Kindheit an so gewöhnt, dass ich erblassen und erschrecken musste, wenn ich den Namen Christus auch nur nennen hörte; denn ich war nicht anders unterrichtet, als dass ich ihn für einen gestrengen und zornigen Richter hielt."
Immer wieder fragen sich die Menschen: Wie kann ich von meinen Sünden loskommen? Wodurch kann ich Gott recht werden und vor ihm bestehen?
Weil die Bibel in lateinischer Sprache geschrieben ist und die Gottesdienste nur in dieser fremden Sprache gehalten werden, sind die meisten Menschen darauf angewiesen, die Bilder in den Kirchen genau zu betrachten. Dort suchen und finden sie Antworten auf ihre Fragen.

Schaut euch das Bild auf der folgenden Seite genau an. Ihr könnt euch sicher vorstellen, wie es den Menschen damals erging, wenn sie solche Bilder betrachteten.

Den rechten Weg suchen

Eines Morgens steht Martin vor der Tür des Schwarzen Klosters in Erfurt und klopft an. Die Tür wird geöffnet. Vor ihm steht ein Mönch und sieht ihn fragend an. „Ich will Mönch werden", sagt Martin. Das ist ein sehr folgenreicher Schritt für einen jungen Menschen. Darum fragt ihn der Mönch an der Pforte dreimal: „Willst du wirklich ins Kloster gehen?"
Er will wissen, ob sich Martin auch ganz sicher über seinen Wunsch ist. Martin erzählt ihm, warum er sich dazu entschlossen hat:
„Vor einiger Zeit war ich zu Fuß auf dem Heimweg von Mansfeld nach Erfurt. Der Weg ist lang und beim Laufen kam ich wieder einmal ins Nachdenken. Ein Gedanke ließ mich nicht mehr los: Jeden Tag kann ich sterben, und was dann?
Während ich meines Weges ging, war ein Gewitter aufgezogen. Noch ehe ich Unterschlupf suchen konnte, schlug ein Blitz nicht weit von mir ein. Ganz allein in diesem Unwetter rief ich erschrocken: ‚Hilf, du heilige Anna, ich will ein Mönch werden!'
Meine Freunde rieten mir von diesem Entschluss ab, auch ich selber musste lange überlegen. Ich weiß, mein Vater wird darüber zornig und enttäuscht sein, denn er hat große Hoffnungen in mich gesetzt. Sogar eine Frau hat er schon für mich ausgesucht. Aber ich bin fest dazu entschlossen. Ich kann keine Ruhe finden aus lauter Angst vor dem Tod. Deswegen will ich jetzt ins Kloster gehen."

Daraufhin lässt ihn der Mönch ein. Hinter ihm schließt sich die Tür.

Martin hätte gern mit seinem Vater über diesen folgenschweren Entschluss gesprochen. Spielt dieses Gespräch.

Im Kloster leben – Gott recht sein wollen

Martin erzählt von seinem Leben im Kloster:
„Wir wohnen in ganz kleinen Zellen, die weder abgeschlossen noch beheizt werden können. Nachts schlafen wir auf Strohsäcken. Mittags und abends treffen wir uns zu einer einfachen Mahlzeit. In den Fastenzeiten, die nahezu die Hälfte des Jahres ausfüllen, fällt das Abendessen aus.
Die meiste Zeit des Tages verbringen wir im Gebet. Wenn wir nicht in der Kirche sind, gibt es für uns viel zu tun. Einige versorgen den Klosterhaushalt, manche gehen mit dem Bettelsack durch die Stadt und wieder andere arbeiten an der Universität als Lehrer.
Unser Tagesablauf ist sehr streng geregelt. Freie Zeit gibt es kaum."

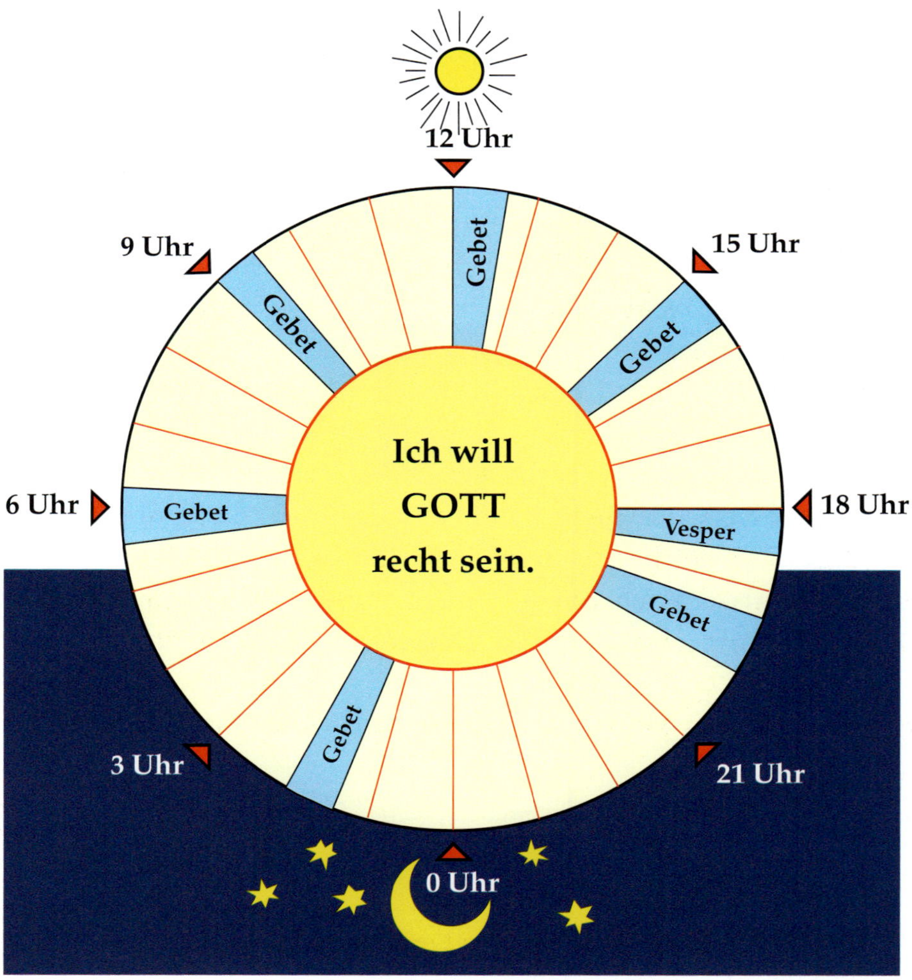

Etwas leisten wollen – an Grenzen stoßen

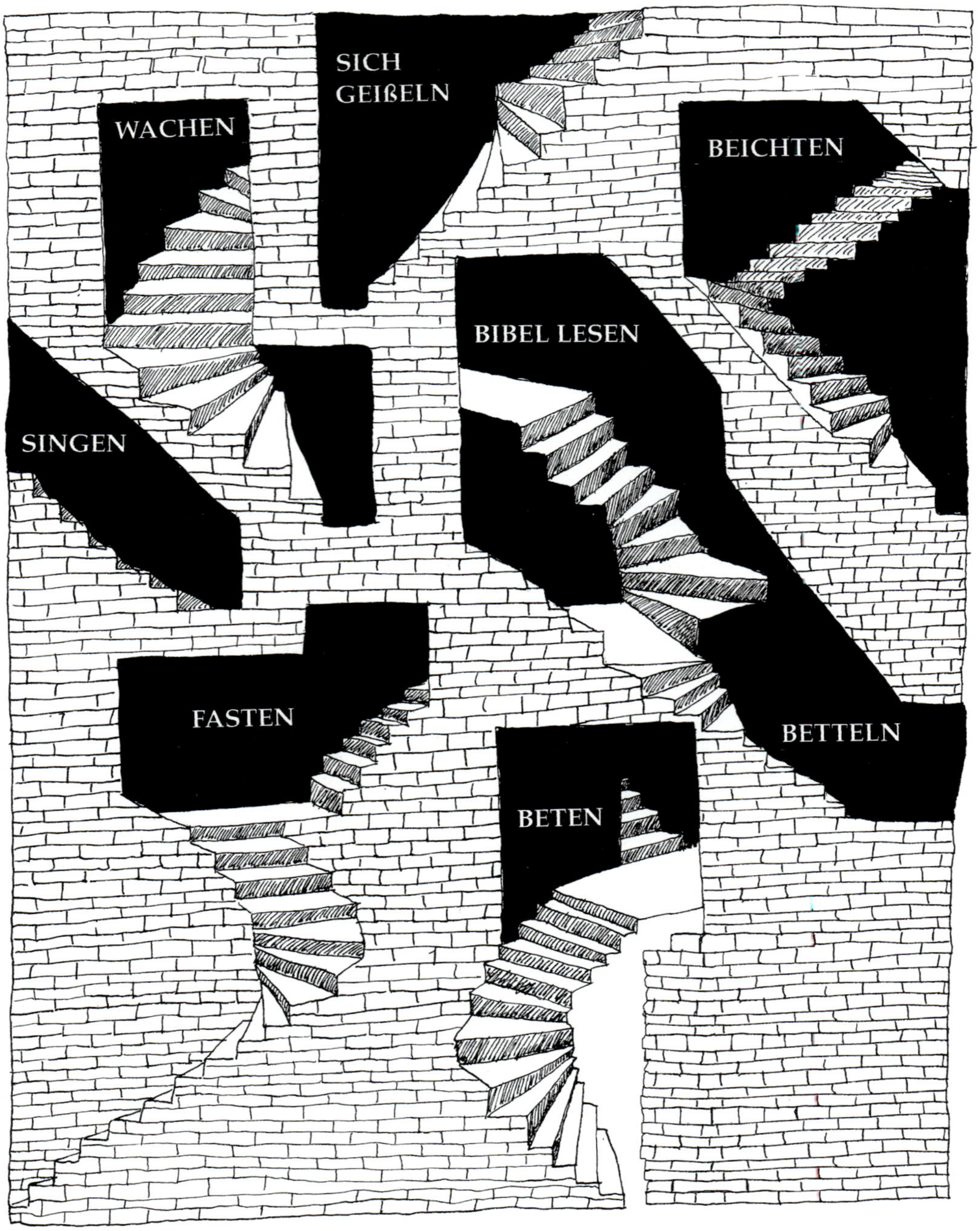

Martin probiert viele Wege aus, um Gott recht zu sein.
Verfolge diese Wege.

Die befreiende Botschaft entdecken

Luther wird Professor in Wittenberg. Seit Wochen sitzt er im Turmstübchen des Klosters und arbeitet an einer Auslegung des Römerbriefes. Aber er weiß selbst nicht, wie er den Studenten erklären soll, was Paulus meint, wenn er vom Gericht Gottes spricht. Gott verlangt einfach zu viel. Gerade er hat doch alles getan, um es Gott recht zu machen: Er ist ins Kloster gegangen. Er hat gebetet, gefastet, sich gegeißelt und gewacht. Aber alle diese Wege halfen ihm nicht aus seiner Angst. Es kommt ihm so vor, als interessiere sich Gott überhaupt nicht für ihn. Einen richtigen Hass hat er auf diesen Gott. Vor ihm kann er nicht bestehen, so sehr er sich auch bemüht. Keiner ist Gott recht. Immer wieder sieht er Christus vor sich stehen als den strengen Richter, der ihm Furcht einflößt.

Immer eifriger studiert er in der Bibel. Was steht dort wirklich über diesen strengen Richter? Schaut Gott nur darauf, ob er etwas findet, für das er uns bestrafen kann? Fordert er immer noch mehr von uns? Tag und Nacht grübelt Luther über diese Frage nach.

Mit einem Male fällt es ihm wie Schuppen von den Augen: Gott ist ja nicht nur ein gerechter Richter, er ist für uns auch ein barmherziger Vater. Luther weiß jetzt: Christus ist auch für mich gestorben. Wenn ich auf ihn vertraue, brauche ich mich nicht mehr vor Gott zu fürchten. Durch ihn darf ich zum Vater kommen – trotz meiner Fehler und Schwächen. Nun weiß ich: Gott hat mich lieb.

Als Luther das erlebt hat, kann er jubeln: „Ich fühle mich wie neu geboren und als wäre ich durch die geöffnete Pforte ins Paradies selbst eingekehrt.“

Martin hat ein neues Bild von Gott entdeckt!

Die Auseinandersetzung suchen

Martin Luther hat erfahren: Gott ist mir gnädig. Er hat mich lieb. Ich muss mir sein Wohlwollen nicht erst durch Anstrengung und Leistungen verdienen. Diese Erfahrung kann er nicht für sich behalten. Er sieht, wie die Kirche sich die Angst der Menschen vor dem Gericht Gottes zunutze macht und Ablassbriefe verkauft. Mit ihnen können sich die Menschen von den Sündenstrafen loskaufen, die ihnen der Priester bei der Beichte auferlegt.

Lautstark bietet der Mönch Tetzel solche Ablassbriefe gegen Geld an: „Hört her, Gott und der heilige Paulus rufen euch! Denkt an die Rettung eurer Seelen und der eurer Verstorbenen! Hört auf die Stimmen eurer verstorbenen Verwandten und Freunde: ‚Erbarmt euch unser! Wir sind in furchtbaren Qualen! Ihr könnt uns loskaufen.' Wenn das Geld im Kasten klingt, die Seele aus dem Fegefeuer springt! Darum Leute, kauft den Ablass, den euch die Kirche gewährt!"

Luther kann es nicht mit ansehen, dass die Menschen sich in ihrem Verhalten ganz und gar auf den Ablass verlassen. Darum protestiert er öffentlich dagegen und verfasst 95 Thesen (Streitsätze). Dort heißt es: „Jeder wahre Christ, der seine Fehler bereut, hat volle Vergebung von Schuld und Strafe – auch ohne einen Ablass. Dem Armen und Bedürftigen geben ist besser, als einen Ablass kaufen".

Am 31. Oktober 1517 hat Luther seine 95 Thesen auch für alle sichtbar an der Tür der Schlosskirche zu Wittenberg angeschlagen. In Erinnerung daran begehen wir am 31. Oktober das Reformationsfest.

Überlegt euch ein Gespräch zwischen Luther und dem Käufer eines Ablassbriefes.

In Bedrängnis geraten

In wenigen Monaten sind Luthers 95 Thesen in ganz Deutschland bekannt. Für viele bedeuten sie die Befreiung aus ihrer Angst. Dadurch gewinnt Luther viele Anhänger.
Genau dies aber missfällt dem Papst, den Bischöfen und vielen Fürsten. Der Papst fordert Luther auf: „Widerrufe, sonst droht dir der Bann, das heißt, der Ausschluss aus der Kirche und der Tod auf dem Scheiterhaufen!"
Luther verbrennt dieses päpstliche Schreiben öffentlich.
Wenige Monate später wird Luther gebannt. Auf dem Reichstag in Worms muss er sich vor dem Kaiser verantworten. Dieser erklärt ihn für vogelfrei. Jeder, der ihn trifft, soll ihn gefangen nehmen, ja er kann ihn sogar töten.

Luthers Freunde schätzen die Gefahr für sein Leben richtig ein. Auf der Rückreise vom Reichstag täuschen sie einen Überfall vor und entführen ihn auf die Wartburg.
Luther lebt dort als Ritter unter dem Namen Junker Jörg.

Luther riskiert viel! Seine Freunde haben Angst um ihn.
Versucht ihre Sorgen, z.B. in einer Collage, auszudrücken!

Schutz finden

Ein feste Burg ist unser Gott,
ein gute Wehr und Waffen.
Er hilft uns frei aus aller Not,
die uns jetzt hat betroffen.

Die Bibel vielen zugänglich machen

Fast ein Jahr verbringt Luther in der Einsamkeit der Wartburg. Auch in dieser Zeit wird er nicht müde, den Menschen aus ihrer Angst zu helfen. Viele von ihnen können die frohe Botschaft der Bibel nicht lesen, weil sie nicht in deutscher Sprache geschrieben ist. Für sie hat Luther das Neue Testament ins Deutsche übersetzt. Als er wieder in Wittenberg ist, besucht ihn Meister Luckas:

Luckas: Gratuliere. Ich war eben beim Buchdrucker Lufft und habe euer neuestes Buch dort liegen sehen und es mir auch gleich gekauft. Das ist großartig. Jetzt kann auch ich endlich im Neuen Testament lesen.

Luther: Genau das wollte ich. Alle Menschen sollen die befreiende Botschaft von Jesus lesen können.

Luckas: Aber sagt, wie habt ihr das denn alles fertig gebracht? Ihr seid doch so beschäftigt.

Luther: Ich war ein dreiviertel Jahr auf der Wartburg. Da hatte ich Zeit, um an dieser Übersetzung zu arbeiten.

Luckas: Und wie lange habt ihr dazu gebraucht?

Luther: Nun, in drei Monaten war es geschafft. Dabei habe ich das Neue Testament nicht aus dem Lateinischen, sondern aus dem Griechischen übersetzt. Das ist die Sprache, in der es ursprünglich geschrieben war.

Luckas: Und was ist mit dem Alten Testament?

Luther: Auch damit haben wir begonnen. Aber das wird noch ein schweres Stück Arbeit. Kann doch kaum einer von uns gut genug Hebräisch. Ich fürchte, da müsst ihr euch noch eine Weile gedulden.

Erst zwölf Jahre später erscheint die gesamte Bibel in deutscher Sprache. Ihr könnt dieses wertvolle Buch hier betrachten.

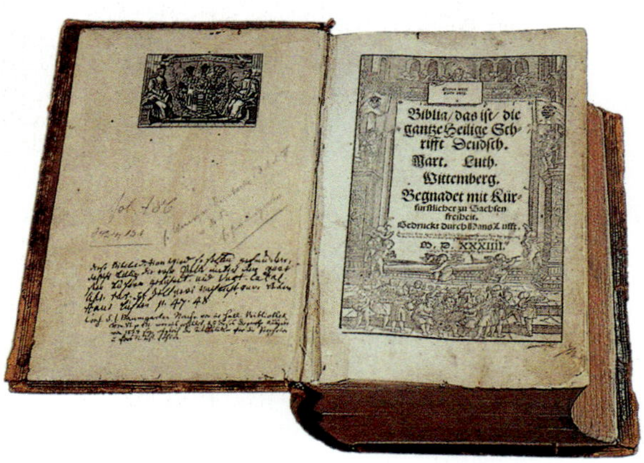

Sich trennen

In der folgenden Zeit schließen sich zahlreiche Kirchengemeinden der neuen Lehre an. Vieles ändert sich dadurch: Mönche und Nonnen verlassen ihre Klöster. Diese werden in Schulen umgewandelt. Pfarrer dürfen heiraten und Familien gründen. Der Gottesdienst wird in deutscher Sprache abgehalten. Im Mittelpunkt stehen Predigt und Abendmahl. Die Lieder der Gemeinde werden von der Orgel begleitet. Bald erkennt man, dass für diesen Gottesdienst die alten Kirchengebäude nicht mehr geeignet sind. So baut man sie entweder um oder errichtet ganz neue, typisch evangelische Kirchen. Die Anhänger der neuen Lehre werden „Protestanten" oder „Evangelische" genannt. Sie unterscheiden sich in dem, was ihnen an ihrem Glauben wichtig ist, mehr und mehr von denen, die katholisch bleiben.

Bis heute besteht diese Trennung. Noch gehen beide in verschiedene Kirchen. Noch bestehen deutliche Unterschiede zwischen den beiden Konfessionen. Trotzdem kommen sich katholische und evangelische Christen immer näher. Sie entdecken die Gemeinsamkeiten in den Wurzeln ihres Glaubens und finden immer mehr zueinander. Beide bemühen sich darum, ihr Leben am Evangelium auszurichten und wollen voneinander lernen.

Erzählt von eurer evangelischen Kirche und befragt eure katholischen Mitschülerinnen und Mitschüler über ihre Kirche.
Vielleicht habt ihr Lust, einen Kirchenführer für Kinder zu erstellen.

Wieder zueinander finden

In notwendigen Dingen: die Einheit.
In fraglichen Dingen: die Freiheit.
In allem: die Liebe.

Augustinus

Im großen Haus der Kirche miteinander leben

Auch du kannst ein bunter Stein in diesem großen Haus der Kirche sein.
Informiere dich dazu in deinem Pfarramt.

Gemeinsam den Glauben bekennen

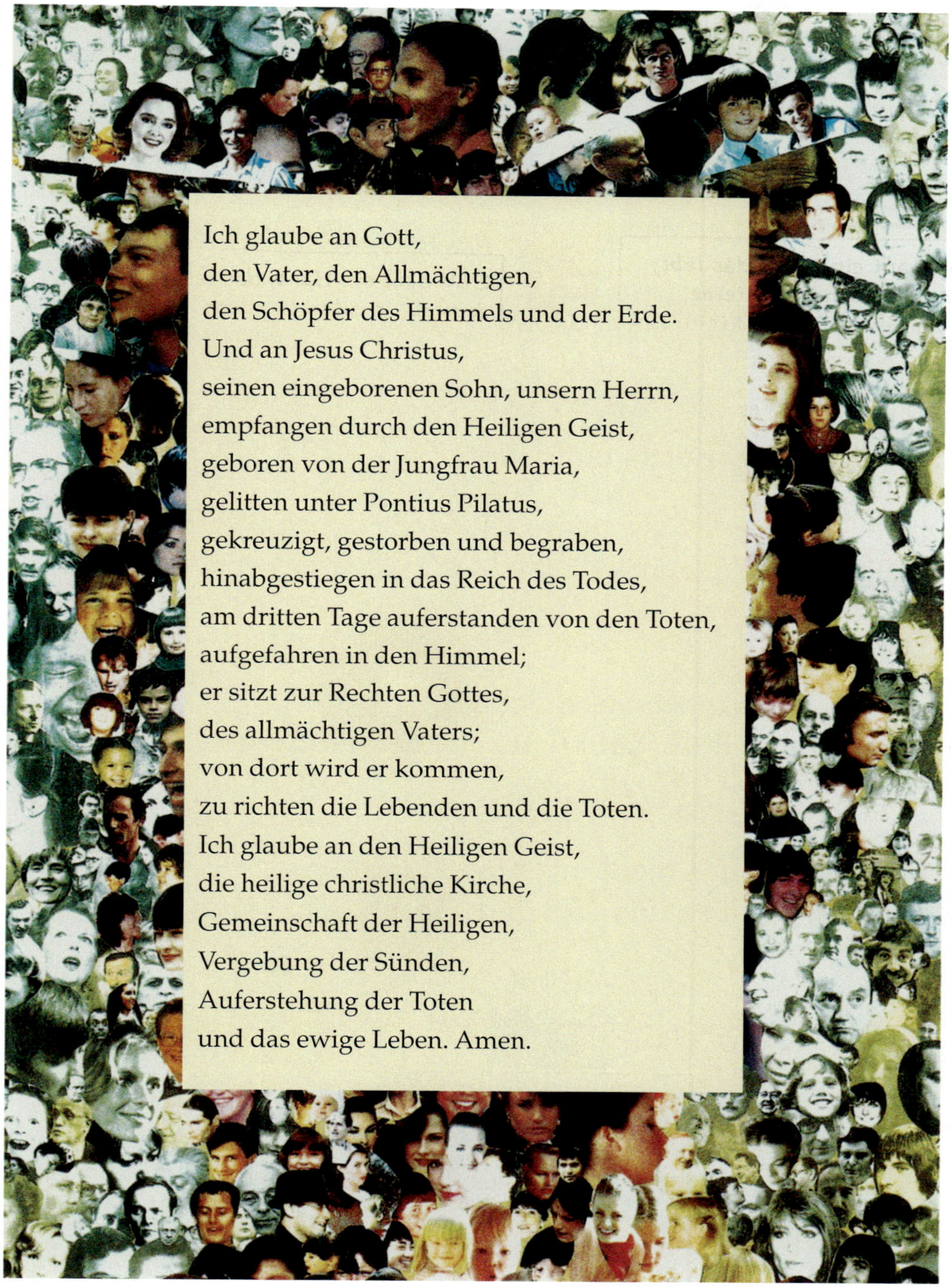

Ich glaube an Gott,
den Vater, den Allmächtigen,
den Schöpfer des Himmels und der Erde.
Und an Jesus Christus,
seinen eingeborenen Sohn, unsern Herrn,
empfangen durch den Heiligen Geist,
geboren von der Jungfrau Maria,
gelitten unter Pontius Pilatus,
gekreuzigt, gestorben und begraben,
hinabgestiegen in das Reich des Todes,
am dritten Tage auferstanden von den Toten,
aufgefahren in den Himmel;
er sitzt zur Rechten Gottes,
des allmächtigen Vaters;
von dort wird er kommen,
zu richten die Lebenden und die Toten.
Ich glaube an den Heiligen Geist,
die heilige christliche Kirche,
Gemeinschaft der Heiligen,
Vergebung der Sünden,
Auferstehung der Toten
und das ewige Leben. Amen.

Zu vielen Sätzen des Glaubensbekenntnisses kennst du Geschichten, die dir helfen, diesen Text besser zu verstehen.

Vater unser im Himmel.

FÜR UNS ALLE

Geheiligt werde dein Name.

VON UNS ALLEN

Dein Reich komme.

ZU UNS ALLEN

Dein Wille geschehe,
wie im Himmel so auf Erden.

BEI UNS ALLEN

Unser tägliches Brot gib uns heute.

SO BITTEN WIR MITEINANDER

Und vergib uns unsere Schuld,
wie auch wir vergeben unsern Schuldigern.

SO BITTEN WIR MITEINANDER

Und führe uns nicht in Versuchung,
sondern erlöse uns von dem Bösen.

SO BITTEN WIR MITEINANDER

Denn dein ist das Reich
und die Kraft und die Herrlichkeit
in Ewigkeit.

SO LOBEN WIR DICH GEMEINSAM

Amen

Muslimen begegnen –
ihre Lebensweise verstehen

Einander verstehen?

Nazmiye ist neun Jahre alt. Obwohl sie in Deutschland geboren ist, ist sie keine Deutsche, sondern Türkin. Wie ihre Eltern und Geschwister, überhaupt wie die meisten Menschen aus der Türkei, gehört Nazmiye nicht zu einer christlichen Kirche, sondern zum Islam. Die Glaubensanhänger des Islam heißen Muslime.

Für viele muslimische Mädchen und Frauen ist es selbstverständlich, dass sie in der Öffentlichkeit ein Kopftuch tragen. Die einen sagen: „Es ist eine Vorschrift unseres Glaubens anständig gekleidet zu sein und dazu gehört für mich auch ein Kopftuch." Die anderen sagen: „Ich fühle mich mit einem Kopftuch wohler."
Auch Nazmiye bindet sich ein Kopftuch um, wenn sie die Wohnung verlässt.

Heute ist etwas Furchtbares für Nazmiye passiert: Auf dem Heimweg von der Schule hat ihr Torsten einfach das Kopftuch weggenommen, es sich selbst umgebunden und sie ausgelacht. Auch Nazmiyes Freundin Jessi hat es nicht verhindern können, dass Torsten mit dem Kopftuch davongelaufen ist.
Nazmiye weint.

Am nächsten Morgen sprechen die Kinder in der Klasse über das, was passiert ist.
Ihr könnt so ein Gespräch spielen oder Nazmiye einen Brief schreiben.

Vom Propheten Mohammed hören

Heute darf Nazmiye im evangelischen Religionsunterricht etwas über den Islam und den Propheten Mohammed erzählen:

Ich will euch von Mohammed – Friede sei mit ihm – erzählen. Versetzt euch einmal viele hundert Jahre zurück, bis ins Jahr 570 nach der Geburt des Propheten Isa, der bei euch Jesus heißt. Mohammed ist schon mit sechs Jahren ein Waisenjunge und wächst bei seinem Onkel, dem Kaufmann Abu Talib, in der Wüstenoase Mekka auf. Hier gibt es viele Kaufleute, weil viele Menschen die Kaaba in Mekka besuchen wollen. In dem würfelförmigen Gebäude standen verschiedene Götzenbilder. Es wurde aber auch erzählt, dass dieses Haus von Abraham gebaut wurde, damit die Menschen zu Allah, dem einzigen Gott, beten können.

Mohammed darf im Handelshaus seines Onkels mithelfen. Mit zwölf Jahren wird er das erste Mal auf eine Karawanenreise mitgenommen, denn er ist ein tüchtiger Kaufmann. Die Menschen um ihn schätzen seine Hilfsbereitschaft und Aufrichtigkeit. Doch viele Leute in Mekka sind ganz anders: Sie denken nur an sich selbst und wollen immer reicher werden. Die Jahre vergehen, Mohammed hat inzwischen geheiratet. Er spürt, dass etwas gegen die Ungerechtigkeit, die in Mekka herrscht, getan werden muss. Er ahnt, dass die Verehrung der Götzen den Menschen nicht zum Leben hilft.

So zieht er sich immer öfter in die Einsamkeit zurück, um über Gott und die Welt nachzudenken. Eines Tages kommt er ganz verstört zu seiner Frau und erzählt:

„In einer Höhle betete ich und plötzlich sprach ein Engel zu mir: ‚Es gibt keinen Gott außer dem einen Gott und du sollst sein Gesandter sein. Gott, der alles erschaffen hat, ist barmherzig und will, dass die Menschen auf den rechten Weg kommen. Seine Worte sollen wie in einem Buch in dir aufgeschrieben sein.'"

Seine Frau weiß es sofort: „Du sollst Gottes Prophet sein. Du wirst den Menschen sagen, dass es nur einen einzigen Gott gibt. Auf seine Botschaft sollen sie hören!"

„Wenn in einer muslimischen Familie ein Kind zur Welt kommt, flüstert ihm sein Vater kurz nach der Geburt ins Ohr: ‚Es gibt keinen Gott außer Allah, und Mohammed ist sein Gesandter.' Das sind die ersten Worte, die ein Baby hört. Diese Worte nennt man die Schahada; es sind die Kernsätze unseres Glaubens. Ich habe sie für euch auf diesem Bild mitgebracht.", erklärt Nazmiye zum Schluss.

Im Bild auf Seite 107 kannst du noch mehr von Mohammed entdecken.
Deine muslimischen Mitschüler können dir sicher viel dazu erzählen.

Den Koran kennen

„Woher wisst ihr denn so genau, was Gott dem Propheten Mohammed mitgeteilt hat?“, wird Nazmiye gefragt. Nazmiye antwortet: „Damit die Menschen für alle Zeiten wissen, welche Botschaft Mohammed von Gott erhielt, haben die Muslime alles aufgeschrieben, was Mohammed über viele Jahre hinweg verkündet hatte. Alle Worte hatten sie in ihren Herzen und im Gedächtnis. Das Buch, in dem Allahs Wort zu finden ist, heißt Koran.“

„Dann ist der Koran für euch sicher ein ganz besonders heiliges Buch?“, fragt Angela. „Da hast du Recht“, erwidert Nazmiye.

„Der Koran ist Gottes Wort,
das zum Buch geworden ist.
Wir danken Allah jeden Tag,
dass er uns darin zeigt,
wie wir nach seinem Willen leben können.
Wir bitten Allah, uns dabei zu helfen.
Mit den Worten des Koran heißt das dann so:

‚Im Namen des barmherzigen Erbarmers!
Lob sei Gott, dem Herrn der Menschen
in aller Welt,
dem Barmherzigen und Gnädigen,
der über den Tag des Gerichts verfügt.
Dir allein dienen wir,
und Dich bitten wir um Hilfe:
Führe uns den geraden Weg,
den Weg derer,
denen Du Deine Gnade gibst . . .‘“

„Du kannst das alles auswendig?“, wird Nazmiye von ihren Mitschülern unterbrochen. „Ich kann sogar noch einige Suren mehr. Suren sind Abschnitte des Koran“, sagt Nazmiye. „Es ist gut für mich, wenn ich Allahs gutes Wort im Kopf und im Herzen habe.“

„Unser Koran zu Hause ist wunderschön verziert und kostbar eingebunden. Wir behandeln ihn besonders ehrfurchtsvoll; deswegen hat er auch einen besonderen Platz in der Wohnung. Wenn wir im Koran lesen, legen wir ihn sogar auf einen Koranständer.“

In die Moschee gehen

Die Klasse plant die gemeinsame Erkundung einer Moschee. Ein Brief an Imam Kandemir, der so etwas wie ein Gemeindevorsteher ist, bleibt nicht lange unbeantwortet.

Liebe Jungen und Mädchen,

ich habe mich über euren Brief sowie euer Interesse am Islam und an unserer Moschee gefreut: Selbstverständlich seid ihr in unserer Moschee willkommen.
Das Haus, in dem Allah angebetet wird, hat offene Türen für alle, die guten Willens sind. In unserer Moschee ist immer etwas los: Sie ist Gebetsstätte, Schule, Versammlungsstätte und Gemeindezentrum in einem. Deswegen kommen muslimische Männer und Frauen, ja sogar ganze Familien gerne hierher.
Aber am wichtigsten ist die Moschee als Ort des gemeinsamen Gebets, bei dem wir uns wie alle Muslime in Richtung Mekka verneigen. Seid aber nicht enttäuscht, wenn ihr kein gemeinsames Gebet miterlebt, denn dafür haben wir festgelegte Zeiten, wie es uns der Koran gebietet.
So wie ihr Christen am Sonntag euren Gottesdienst habt, so gibt es bei uns das Freitagsgebet. Dann wird es ziemlich eng in unserer Moschee.
Ich freue mich auf euer Kommen.
Seid willkommen als unsere Gäste.
Alleikam salaam. Der Friede sei mit euch.

Euer Saban Kandemir

Gemeinsam beten

Der Tag des Besuches in der Moschee ist da. Gespannt treten die Kinder ein. Verwundert sehen sie, dass Nazmiye ihre Schuhe auszieht. „Zieht bitte auch eure Schuhe aus", sagt Nazmiye. Im Innenraum der Moschee ist alles mit Teppichen ausgelegt."

„Das ist ja praktisch", antwortet ihr einer, „da bleibt der Straßenschmutz draußen."

„Du hast Recht, alles, was unrein ist, soll nicht im Wege sein, wenn wir vor Allah treten. Aber kommt doch erst einmal herein", sagt Imam Kandemir, ein freundlicher älterer Herr.

Imam: Herzlich willkommen in unserer Moschee. Ich freue mich, dass ihr gekommen seid. Bestimmt habt ihr eine Menge Fragen.

Angela: Ist das hier der Raum, in dem gebetet wird?

Imam: Ja, auch wenn man eigentlich überall beten kann. Für Muslime ist es aber schön und wichtig die fünf täglichen Gebete mit anderen zusammen zu verrichten.

Torsten: Was ist daran das Besondere?

Imam: Beim Gebet fühlen wir uns als Teil einer großen Gemeinschaft: Alle beten in der gleichen Sprache, alle sprechen die gleichen Gebete und alle beten in Richtung Mekka.
Für Christen ist es doch auch schön gemeinsame Gebete zu haben?

Jessi: Ja, zum Beispiel das Vaterunser.

Torsten: Müssen Sie denn beten?

Imam: Das Gebet ist mir eine angenehme Pflicht, weil ich dadurch die Kraft bekomme mich denen, die mich brauchen, zuzuwenden.

Torsten: Wann sind eigentlich diese Gebete?

Imam: Nach dem Koran sollen sie morgens, mittags, nachmittags, abends und vor dem Schlafengehen stattfinden.

Jessi: Ich kann mir so ein Gebet noch gar nicht richtig vorstellen.

Nazmiye: Wenn es der Imam erlaubt, kann ich euch zeigen, was ich schon weiß.

Durch Fasten lernen

„Ich habe eine Überraschung für euch!", ruft Nazmiye den anderen zu. „Ich habe euch Baklava und Börek mitgebracht." Das macht natürlich alle neugierig. Nazmiye holt ihre süßen Köstlichkeiten hervor. „Das schmeckt ja lecker!", meint Torsten.

„Ich wollte euch auch etwas mitbringen, weil wir vorgestern – zum Abschluss des Fastenmonats Ramadan – das Zuckerfest gefeiert haben", erklärt Nazmiye.

„Fasten, das heißt doch, nichts zu essen. Und das einen ganzen Monat lang?", fragt Jessi. Nazmiye schaut sie lächelnd an: „Im Ramadan wird von der Morgendämmerung bis Sonnenuntergang nichts gegessen und nichts getrunken. Erst in der Nacht und am frühen Morgen gibt es dann eine Stärkung."

„Hast du denn auch gefastet?", fragt Angela. Nazmiye antwortet ihr stolz: „An einigen Tagen habe ich auf eine Mahlzeit verzichtet, obwohl Kinder nicht fasten müssen. Ich habe mit meinen Geschwistern aber das Fasten geübt. Wir haben auf Süßigkeiten und auf Fernsehen verzichtet. Das ist uns manchmal ganz schön schwer gefallen." „Ich verstehe nicht, wozu das gut sein soll", meint Torsten. „Im Ramadan erinnern wir uns daran, dass wir Allah dankbar sein dürfen für alles, was wir von ihm haben. Wenn ich auf etwas wenigstens eine Zeit lang verzichte, merke ich erst, wie viel es mir bedeutet", antwortet Nazmiye.

„Weil Fasten und Verzichten nicht leicht ist, gibt es zum Schluss ein Fest", bemerkt Jessi. „Man lädt sich gegenseitig ein. Es gibt leckeres Essen und die Kinder bekommen Geschenke. Und weil alle sich freuen sollen, versöhnen sich viele, die miteinander gestritten haben." „Das ist ja fast wie Weihnachten!", bemerkt Torsten und alle lachen.

Fasten und verzichten gehören zusammen.
Dabei können Menschen ganz unterschiedliche Erfahrungen machen.

Miteinander handeln

Nazmiye ist glücklich, dass sich die Mitschülerinnen und Mitschüler so sehr für ihre Religion interessieren. Es macht sie natürlich auch ein wenig stolz, dass sie schon so gut über den Islam Bescheid weiß, dass sie anderen davon erzählen kann.

Heute ist sie zum letzten Mal in der Religionsgruppe ihrer Klasse. Nazmiye hat sich etwas Besonderes überlegt. Torsten hatte sie nämlich vor kurzem gefragt: „Ist bei euch Muslimen denn alles anders als bei den Christen?"

„Kennt ihr schon die Geschichte von Nuh?", fragt Nazmiye, aber alle schütteln den Kopf. „Ich glaube aber schon!" . . .

Der Prophet Nuh war ein gottesfürchtiger Mann. Die meisten Menschen um ihn herum aber dachten nur daran möglichst viel Besitz anzusammeln und viel Macht zu haben. Immer weniger wollten von Allahs Rechtleitung wissen.

Da beauftragte Gott den Propheten Nuh die Menschen auf den rechten Weg zurückzubringen. Und Nuh ermahnte sie: „Allah hat mich gesandt, alle Menschen öffentlich zu warnen, damit sie sich an seine Barmherzigkeit erinnern. O ihr Menschen, wendet euch zu Allah. Es gibt keine Macht außer ihm, seid nicht ungerecht und tut Gutes!"

Aber die anderen wollten Nuh nicht glauben, ja, sie verspotteten und verfolgten ihn sogar.

So befahl ihm Allah ein großes Schiff zu bauen, denn es sollte eine große Flut kommen. Nuh wurde jetzt noch mehr ausgelacht, weil er das Schiff weit weg vom Wasser baute. Als das Schiff endlich fertig war, führte Nuh seine Familie, die wenigen gottesfürchtigen Menschen und viele Tiere hinein. Bald begann es in Strömen zu regnen und das Wasser stieg höher und höher. Schließlich war die Flut so hoch, dass alles überschwemmt war. Das Schiff aber trieb sicher auf den Wellen dahin. Nach vielen Tagen ließ Allah den Regen aufhören und die Erde wieder trocken werden. Zu Nuh sprach er: „Kommt nun alle heraus aus dem Schiff, mit Frieden von mir und meinem Segen auf euch und allen, die auf ihren Herrn vertrauen."

„Manches ist bei uns zwar anders", stellt Nazmiye fest, „aber eines ist doch immer gleich: Gott meint es gut mit den Menschen!"

Nazmiye und ihre Klassenkameraden haben viele Pläne. Sie wollen gemeinsam . . .

Wir könnten eine „Arche" für bedrohte Tiere bauen.
Wir könnten eine Regenbogen-Feiergestalten.
Wir könnten Nistkästen auf dem Schulgelände aufstellen.
Wir könnten ...
Wir könnten eine Patenschaft übernehmen für...
Wir könnten unser Schulgelände zur gewaltfreien Zone erklären.
Wir könnten einen Info-Nachmittag gestalten: Noah und Nuh haben uns viel zu sagen.

Wir spielen neben euch
Wir möchten mit euch spielen

Wir freu'n uns neben euch
Wir möchten uns mit euch freuen

Wir weinen neben euch
Wir möchten mit euch weinen

Wir warten neben euch
Wir möchten mit euch warten

Wir wohnen neben euch
Wir möchten mit euch wohnen

Wir sind unsicher neben euch
Wir möchten mit euch sicher sein

Ihr lebt neben uns
Wir möchten mit euch leben

P. Härtling

Großen Fragen des Lebens nachspüren

Dem Geheimnis des Fragens auf die Spur kommen

„Meine kleine Schwester geht mir auf den Nerv. Dauernd fragt sie: Warum?" „Warum scheint die Sonne, Frank? Warum regnet es, Frank? Warum gibt es Bäume, Frank? Warum bläst der Wind? Warum ist das Gras grün?" „Und was antwortest du ihr?", fragt Claudia.

„Irgendetwas. Sie ist eigentlich mit allem zufrieden, was man ihr sagt. Und trotzdem geht mir die dauernde Fragerei auf den Nerv." „Mein Neffe fragt mich auch ständig solches Zeug", sagt Ludwig. „Da hab ich einmal den Spieß umgedreht. Wir sind am See gewesen, und der Wind war so stark, dass es hohe Wellen gab. Da hab ich den Kleinen gefragt, warum die Wellen da sind. Und er sagt ganz ernst, damit die Schiffe besser fahren können."

Die drei lachen. „Kein Durchblick!", sagt Ludwig. Aber Frank wendet dagegen ein: „Also ernsthaft, manche von den Fragen sind auch verflixt knifflig. Weißt du denn, warum die Schneeglöckchen blühen?" „Sie blühen, weil sie eine Zwiebel als Vorratsspeicher haben", antwortet Ludwig.

„Ist das aber eine Antwort auf die Frage ‚Warum?'", sagt jetzt Claudia. „Wenn du fragen würdest, weshalb sie im Schnee blühen können, dann wäre es eine Antwort. Aber wenn du fragst, warum sie blühen, dann ist es so, als ob du fragst, warum die Tulpen und die Rosen blühen." „Sie blühen natürlich, weil sie Insekten anlocken wollen. Die sollen sie bestäuben und später tragen sie dann Früchte."

„Alles hat eben seinen Zweck", ergänzt Frank. „Und die Wellen haben wohl den Zweck, dass die Schiffe besser fahren können?", fragt Claudia listig. Frank findet es ungerecht, dass Claudia seine Antwort und die Antwort von Ludwigs kleinem Neffen zusammenbringt. „Das ist doch etwas ganz anderes", sagt er. „Und außerdem, wenn du alles besser weißt, dann verrate du doch mal, warum die Blumen blühen und warum der Wind weht!"

„Ich weiß es nicht", meint Claudia, „und ihr habt ja auch Recht. Der Wind weht, weil die Luft in manchen Gegenden wärmer ist als in anderen. Die Blumen blühen, weil sie Früchte hervorbringen, und die Vögel singen, um andere Vögel anzulocken, oder auch, damit ihnen andere Vögel nicht zu nahe kommen. Das haben wir ja alles in der Schule gelernt. Aber irgendwie sind das alles keine Antworten. Ich höre den Wind, ich sehe die Schneeglöckchen, und irgendwie weiß ich, dass da noch ein anderes Warum-Darum ist. Nur ich kann es nicht sagen."

„Vielleicht sind Warum-Fragen verkehrt", sagt Ludwig. „Egal, ob ich sie nun stelle oder deine kleine Schwester, Frank. Eine Frage, auf die es keine klare Antwort gibt, sollt man vielleicht lieber gar nicht stellen."

„Das finde ich nicht", antwortet Claudia. „Wenn es solche Warum-Fragen nicht geben würde, dann würde ich nicht sehen, dass es etwas gibt, das ich nicht verstehe."

„Warum denn nicht, Claudia?", fragt Frank mit der Stimme seiner kleinen Schwester. Die beiden Jungen gehen lachend fort. „Tschüss, Claudia!", ruft Ludwig.

... das Erforschen einer Höhle
... das Verlassen einer breiten
Straße
... das Suchen einer Quelle
... das Betreten von Neuland
... das Öffnen einer Tür
zu unbekannten Räumen
... das Balancieren auf einem Seil
... das Suchen nach Wegweisern
... das Steckenbleiben in einer
Sackgasse
... das Abbrechen einer Mauer
... das Suchen nach einer Spur
... das Umherirren in einem
Dschungel
... das Glücksgefühl nach einer
Gipfelbesteigung
...
...
...

Nachdenk-Würdiges entdecken

Als das Kind Kind war,
war es die Zeit
folgender Fragen:
Warum bin ich Ich
und warum nicht Du?
Warum bin ich hier und
warum nicht dort?
Wann begann die Zeit
und wo endet der Raum?
Ist das Leben unter der Sonne
nicht bloß ein Traum?
Ist das, was ich sehe und höre und rieche,
nicht bloß der Schein
einer Welt vor der Welt?
Gibt es tatsächlich das Böse
und Leute, die wirklich die Bösen sind?
Wie kann es sein,
daß ich, der ich bin,
bevor ich wurde, nicht war
und daß einmal ich,
der ich bin, nicht mehr der,
der ich bin, sein werde.

Originaltext P. Handke

Bin ich schön?

Ich habe Angst,
dass ich getrennt werde
von allen, die ich mag.

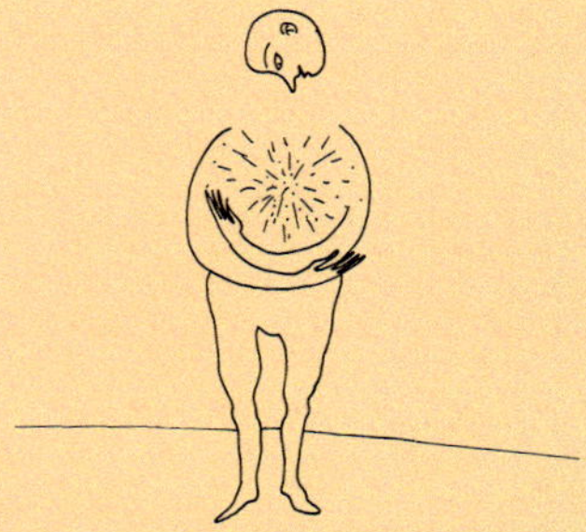

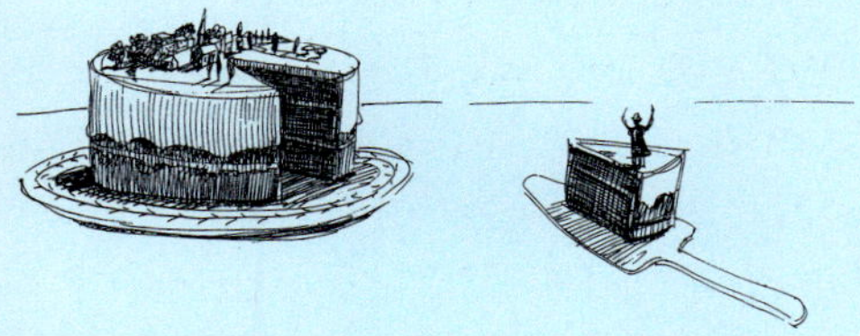

Manchmal habe ich
den Eindruck, als könnte ich
in mich hineinschauen.

Vielleicht habe ich sogar
Fähigkeiten, von denen
ich gar nichts weiß.

Nachts, wenn ich träume,
wo bin ich da eigentlich?

Vielleicht macht es dir Spaß, noch mehr Nachdenk-Würdiges über dich zu entdecken.

Zeit-Fragen nachspüren

Bringt das Bild zum Klingen.
Ihr könnt dabei ganz unterschiedliche Rhythmen entdecken.

Alles hat seine Zeit

Geboren werden hat seine Zeit,
Sterben hat seine Zeit,
Weinen hat seine Zeit,
Lachen hat seine Zeit,
Schweigen hat seine Zeit,
Reden hat seine Zeit,

. . . hat seine Zeit,

ein Jegliches hat seine Zeit.

Prediger 3,1

Momo und Beppo Straßenkehrer

„Siehst du, Momo“, sagte Beppo dann zum Beispiel, „es ist so: Manchmal hat man eine sehr lange Straße vor sich. Man denkt, die ist so schrecklich lang; das kann man niemals schaffen.“

Er blickte eine Weile schweigend vor sich hin, dann fuhr er fort: „Und dann fängt man an, sich zu eilen. Und man eilt sich immer mehr. Jedesmal, wenn man aufblickt, sieht man, dass es gar nicht weniger wird, was noch vor einem liegt. Und man strengt sich noch mehr an, man kriegt es mit der Angst, und zum Schluss ist man ganz außer Puste und kann nicht mehr. Und die Straße liegt immer noch vor einem. So darf man es nicht machen.“

Er dachte einige Zeit nach. Dann sprach er weiter: „Man darf nie an die ganze Straße auf einmal denken, verstehst du? Man muss nur an den nächsten Schritt denken, an den nächsten Atemzug, an den nächsten Besenstrich. Immer wieder nur an den nächsten.“

Wieder hielt er inne und überlegte, ehe er hinzufügte: „Dann macht es Freude; das ist wichtig, dann macht man seine Sache gut. Und so soll es sein.“

Und abermals nach einer langen Pause fuhr er fort: „Auf einmal merkt man, dass man Schritt für Schritt die ganze Straße gemacht hat. Man hat gar nicht gemerkt wie, und man ist nicht außer Puste.“ Er nickte und sagte abschließend: „Das ist wichtig.“

Aus: „Momo“ von Michael Ende

Momo macht sich viele Gedanken zum Geheimnis der Zeit.
Du kannst sie im Buch nachlesen.

THEATER-WERKSTATT

Hier könnt ihr eine ausgesuchte Szene spielen.

KÜNSTLER-WERKSTATT

Hier könnt ihr auch ohne Worte erzählen.

HÖRSPIEL-WERKSTATT

Hier könnt ihr ein Stück der Geschichte spannend vorbereiten.

MUSIK-WERKSTATT

Hier könnt ihr die Geschichte zum Klingen bringen.

SCHREIB-WERKSTATT

Hier könnt ihr eigene Geschichten zum Buch schreiben.

ERZÄHL-WERKSTATT

Hier könnt ihr von eigenen Erfahrungen erzählen.

LESE-ECKE

Hier könnt ihr in Ruhe lesen.

PLAKAT-WAND

Hier ist Platz für Fragen und Gedanken.

Momo lässt euch sicher viele spannende Entdeckungen machen.

Textquellenverzeichnis

Seite 12: Lied: Gott geht mit; Text: Kinderkirchentagsteam 1979; Melodie: Rainer Ibe; tvd-Verlag, Düsseldorf 1989, S. 42. **Seite 14:** Gott, ich möchte dich gerne sehen; Regine Schindler; in: Regine Schindler: Gott, ich kann mit dir reden; Verlag Kaufmann, Lahr 1996 S. 46 V. 1+2. **Seite 20:** Nach: Ich, der Herr, bin dein Gott; Kurt Rommel; in: E. Conrad/U. Defrecker/H. Kaiser (Hg.): Erzählbuch zum Glauben. Die zehn Gebote. Kaufmann, Patmos, Düsseldorf 1983, S. 17. **Seite 22:** Lied: Alles, was geworden ist (2. Strophe von: Blätter, wenn sie gelb geworden); Text und Melodie: Franz Kett; in: „Relig.päd. Praxis" 2/78; RPA Verlag, Landshut, **Seite 23, 24, 26, 28, 29, 31:** aus: Marlee und Benny Alex: Großvater und ich und die traurige Geschichte mit dem kleinen Kätzchen. Brunnen Verlag, Basel/Gießen 1995. **Seite 26:** Lied: Ich möcht, dass einer mit mir geht; Evangelisches Gesangbuch Nr. 209; Text und Melodie: Hanns Köbler 1964; © Gustav Bosse Verlag, Kassel. **Seite 31:** Lied: Hoffnung die dunkle Nacht erhellt; Evangelisches Gesangbuch Nr. 628; Text und Kanon für 3 Stimmen: Walter Christlein, Strube Verlag, München-Berlin 1979. **Seite 35:** Lied: Meinem Gott gehört die Welt; Text: Arno Pötzsch; Melodie: Christian Lahusen; Eigentum: Bärenreiter Verlag, Kassel und Basel. **Seite 36:** Du bist da; Renate Salzbrenner, Erlangen. **Seite 38:** Lied: Vom Himmel hoch, da komm ich her; Text und Melodie: Martin Luther; Evangelisches Gesangbuch Nr. 24. **Seite 42:** Lasst euch anstiften; Text: Rolf Krenzer; in: Weihnachten ist nicht mehr weit; Menschenkinder Verlag, Münster, V. 3/5. **Seite 43:** Die Türklinke; in: Willi Hoffsümmer (Hg.): Kurzgeschichten 3. 244 Kurzgeschichten für Gottesdienst, Schule und Gruppe; Matthias Grünewald Verlag, Mainz 1987, S. 96. **Seite 44:** Nicht in meinem Haus; nach Gudrun Pausewang; in: Gudrun Pausewang: Frieden kommt nicht von allein; Ravensburger Verlag, Ravensburg 1982, S. 127 (gekürzt). **Seite 45:** Wie spielt man Frieden? Marie Luise Dieckmann; in: Willi Hoffsümmer (Hg.): Kurzgeschichten 1; 255 Kurzgeschichten für Gottesdienst, Schule und Gruppe, Matthias Grünewald Verlag, Mainz 1985, S. 90. **Seite 46:** Es müssen nicht...; Engel: Rudolf Otto Wiemer, © Evang. Buchhilfe, Vellmar 1990. **Seite 48–51:** Lied: Liebe ist nicht nur ein Wort (Weiterdichtung); Text: Eckart Bücken, Strube Verlag, München-Berlin; Melodie: Gerd Geerken; Neue geistliche Lieder, Band III, BE 809. Rechte: Gustav Bosse Verlag, Kassel. **Seite 58:** Lied: Gib uns Frieden jeden Tag; Text: Kurt Rommel/Rüdeger Lüders; Melodie: Rüdeger Lüders; in: Neue Kinderlieder, BE 807. Rechte: Gustav Bosse Verlag, Kassel. **Seite 60:** Wenn jeder eine Blume pflanzte; P. Härtling: Wenn jeder eine Blume pflanzte; in: Evangelisches Gesangbuch S. 1073. **Seite 62:** In Bewegung sein; nach: Dietrich Steinwede; in: Dietrich Steinwede: Pfingsten; Patmos/Kaufmann, Düsseldorf/Lahr 1979, S. 3. **Seite 63:** Gottes Geist; nach: Dietrich Steinwede; in: Dietrich Steinwede: Pfingsten. Patmos/Kaufmann, Düsseldorf/Lahr 1979, S. 17. **Seite 64/65:** Zur Zeit Jesu...; nach: Dietrich Steinwede: Paulus aus Tarsus. Patmos/Kaufmann, Düsseldorf/Lahr 1979, S. 4, 10. **Seite 68:** Nimm mich ganz fest; Irmhild Bärend; in: Ingeborg Kiefel/Beate Dey: Wir gemeinsam. Kiefel Verlag, Wuppertal 1991, S. 33. **Seite 72:** ...aber ich bin...; nach: Dietrich Steinwede: Paulus aus Tarsus. Patmos/Kaufmann, Düsseldorf/Lahr 1979, S. 6. **Seite 73:** Lied: Von guten Mächten; Text: Dietrich Bonhoeffer; Melodie: Siegfried Fietz; Abakus Musik Barbara Fietz, Greifenstein, Evangelisches Gesangbuch Nr. 637. **Seite 74:** Ein junger Mann; Verfasser unbekannt. **Seite 79:** Dazu erzählt Jesus ...; nach W. Laubi; in: Kinderbibel; Verlag Ernst Kaufmann, Lahr 1992. **Seite 78, 81, 82, 85, 87:** Texte zu den Geboten auf den Steinen nach J. Zink; in: Jörg Zink: Neue zehn Gebote. Kreuz Verlag, Stuttgart 1995. **Seite 80:** Es gibt Tage...; Die Idee;Georg Bydlinski; in: Erzählbuch zum Glauben, Die zehn Gebote; Benziger Verlag, Zürich, Einsiedeln, Köln und Verlag Ernst Kaufmann, Lahr 1983. **Seite 83:** Einen tiefen Eindruck (Befreit von Menschenfurcht); nach: Albert Schweitzer; in: C. Bauer (Hg.): Ich glaube an die Zukunft; Kiefel Verlag, Wuppertal 1987, S. 18. **Seite 86:** Eines Tages entschloss sich (Von der besten und schlechtesten Sache der Welt); Märchen aus Kuba; in: Dietrich Steinwede (Hg.), Vorlesebuch Religion; Kaufmann, Lahr 1971, S. 246. **Seite 88:** Ich bin ein paar Jahre älter (Jeder ist verantwortlich); Erich Kästner; in: Erich Kästner: Die kleine Freiheit; Atrium Verlag, Zürich 1952. **Seite 90:** Die Blinden und die Sache mit dem Elefanten; aus: Nikos Kazantzakis, Die Blinden; in: Griechische Passion; F. A. Herbig Verlagsbuchhandlung, Wien 1957. **Seite 100:** Lied: Ein feste Burg ist unser Gott; Evangelisches Gesangbuch

Nr. 362, 1. **Seite 104:** Lied: Gott baut ein Haus, das lebt; Text und Melodie: Waltraud Osterlad; Rechte bei der Urheberin. **Seite 116:** Wir spielen...; P. Härtling; in: Überall ist Lesezeit, 4. Jg.; Oldenbourg Verlag. **Seite 118:** Meine kleine Schwester..., in: Helmut Schreier: Himmel, Erde und ich; Agentur Dieck Heinsberg 1993. **Seite 120:** Als das Kind...; Peter Handke; in: Wim Wenders und Peter Handke: Der Himmel über Berlin, ein Filmbuch; Suhrkamp. **Seite 123:** Momo und Beppo Straßenkehrer; aus: Michael Ende: Momo; Thienemanns Verlag, Stuttgart 1993.

Abbildungsnachweis

Illustration von Jutta Garbert, Neustadt a.d.Aisch; Irmtraud Guhe, München; Andreas Röckener, Oststeinbek; Werner Ruhner, Leipzig; Gerlinde Krehn, Rednitzhembach; Dieter Konsek, Wilhelmsdorf. **Seite 5:** Marc Chagall: Moses vor dem brennenden Dornbusch (Ausschnitt); © VG Bild-Kunst; Bonn 1996. **Seite 7:** Marc Chagall: Die Errettung des Mose aus dem Nil; © VG Bild-Kunst; Bonn, 1996. **Seite 9:** Marc Chagall: Die Gotteserscheinung im brennenden Dornbusch;© VG Bild-Kunst; Bonn 1996. **Seite 11:** Marc Chagall: Israel ist das Pessach-Lamm; © VG Bild-Kunst; Bonn 1996. **Seite 13:** Marc Chagall: Der Durchzug durch das Schilfmeer; © VG Bild-Kunst; Bonn 1996. **Seite 15:** Marc Chagall: Moses empfängt die Gesetzestafeln; © VG Bild-Kunst; Bonn 1996. **Seite 17:** Marc Chagall: Moses schlägt Wasser aus dem Felsen, Nizza; Mussée National Message Biblique. **Seite 21:** Gabriele Münter: Grabkränze; Gabriele Münter und Johannes Eichner Stiftung, München. **Seite 22:** Berthold Schweiz, München. **Seite 25:** Ruth Speidel, München. **Seite 27:** Paula Modersohn-Becker: Bildnis eines kleinen Mädchens, um 1905. **Seite 29, 33, 34, 35:** aus: Marlee und Benny Alex: Großvater und ich und die traurige Geschichte mit dem kleinen Kätzchen; Brunnen Verlag, Basel/Gießen 1995; Scandinavia Publishing House, DK Copenhagen. **Seite 30:** Käthe Kollwitz: Studie zum linken Teil der Radierung „Zertretene"; © VG Bild-Kunst; Bonn 1996. **Seite 31, 32:** Christiane Wolf-Schweiz, München. **Seite 37:** Perikopenbuch Heinrich II, Verkündigung an die Hirten; Bayerische Staatsbibliothek, München. **Seite 39:** Rembrandt van Rijn: „Anbetung der Hirten; 1646", Artothek, Peissenberg. **Seite 41:** Paul Klee: Engel, noch tastend, 1939, 1193/MN13); Fettkreide, Kleisterfarben und Aquarell auf Papier; 29,4 × 20,8 cm; Privatbesitz Schweiz; Foto: Kunstmuseum Bern, Paul-Klee-Stiftung, Bern; © VG Bild-Kunst, Bonn 1996. **Seite 43, 44, 45:** Vera und Eva Spangler, Heilsbronn. **Seite 47:** Sieger Köder: Ein Reis wird hervorgehen aus dem Stumpf Isais (Jes 11) Synodenrose Diözese Rottenburg-Stuttgart, Privatbesitz, Schwabenverlag, Ostfildern. **Seite 48, 49, 50, 51, 57, 59:** Gerlinde Krehn, Rednitzhembach. **Seite 49:** Foto: Michael Albus in M.Albus/P. Härtling „Kinder einer Erde", S. 49. **Seite 50:** Foto: privat. **Seite 58:** Jochen Lay, Ochsenfurt. **Seite 52, 54, 55, 56, 67:** aus Laubi/Fuchshuber: Kinderbibel; Verlag Ernst Kaufmann, Lahr 1994. **Seite 61:** Salvador Dali: Pfingsten, © Demart pro arte B.V./VG Bild-Kunst; Bonn 1996. **Seite 64:** Paulus wird gesteinigt; Teil einer Elfenbeinschatulle, 5. Jahrhundert. **Seite 65:** aus: Wolfgang E. Pax: Auf den Spuren des Paulus; Walter-Verlag Olten und Freiburg im Breisgau 1977. **Seite 67:** aus Laubi/Fuchshuber: Kinderbibel; Verlag Ernst Kaufmann, Lahr 1994. **Seite 70:** Kalender zur Kirchentagslosung 1993: „Nehmet einander an"; herausgegeben von der Münchner Arbeitsstelle Kirchentag 1993 der Evangelisch-Lutherischen Kirche in Bayern, München. **Seite 71:** Plakate: Diakonisches Werk Stuttgart. **Seite 72:** Joán Miro: Der Sonnenschlucker, 1955 © VG Bild, Kunst, Bonn 1996. **Seite 73:** Dietrich Bonhoeffer: Bilder aus seinem Leben; Eberhard Betlye, München; Kaiser 1986. **Seite 75:** Es ist dir gesagt, Mensch, was gut ist; Eva Degenhardt, Köln; © tvd-Verlag; Düsseldorf 1995. **Seite 89:** Paul Klee, Park bei Luzern 1938; Paul-Klee-Stiftung, Kunstmuseum Bern. **Seite 90:** aus: Helmut Hanisch: Die zeichnerische Entwicklung des Gottesbildes bei Kindern und Jugendlichen; Calwer Verlag Stuttgart. **Seite 91:** oben links – G. Harupa: Gastmahl; © Dr. Hans-Jürgen Schemensky, Bergisch-Gladbach; oben rechts: Der verlorene Sohn; Tonplastik von G. Heydeman 1976; Foto: H. Fröhling, Nürnberg; unten: R. Seelig; in: Wegzeichen 1. **Seite 93:** Weltgericht, Meister der Verherrlichung Mariae, Zürich, Fondation Rau, Foto: P. Schälchli. **Seite 94:** Hans-Günther Kaufmann, Pattloch 1994; © Weltbild Verlag GmbH. **Seite 97:** Lutherstube; © Edition Leipzig 1991; in: Lutherhalle Wittenberg.

Seite 100: Wartburg; Quelle unbekannt. **Seite 101:** Die Bibel, Übersetzung von Martin Luther; in: Die Lutherhalle; © Edition Leipzig. **Seite 102:** Foto Drumm, Bad Windsheim. **Seite 103:** Foto: Oswald Kettenberger, Maria Laach in: Gerhard Kiefel; Solange du da bist, Schriftenmissions-Verlag Gladbeck, 1975. **Seite 105:** „Dein Angesicht suche ich"; Schweiz. Verlag für kirchliche Kunst; Belp/Bern. **Seite 107:** Mohammeds Himmelfahrt, Persien, 1494/95. Bibl. Nat. Paris. **Seite 108:** Agenturfoto. **Seite 109:** Peter Sanders Photography; in: David Selv, Jugendhandbuch Weltreligionen; Brunnen Verlag, Gießen, Basel. **Seite 110:** Peter Sanders Photography; in: David Selv, Jugendhandbuch Weltreligionen; Brunnen Verlag, Gießen, Basel. **Seite 111:** oben: Dr. Carl-M. Ruf/Hilligart, Pforzheim; unten: epd Bild. **Seite 112:** Agentur. **Seite 113:** Carlos, Reger Manzo; in: David Selv, Jugendhandbuch, Weltreligionen; Brunnen Verlag, Gießen, Basel. **Seite 117:** Asyer Joru; Ohne Titel; Saxnäs, 1946; Kopenhagen, Statens Museum for Kunst; Hans Petersen. **Seite 120, 121:** aus: Michele Lemieux 'Gewitternacht'; Beltz und Gelberg, Weinheim. **Seite 122:** M. Chagall: Die Zeit kennt keine Ufer; Museum of Modern Art; New York.